JÜRGEN MENHART

WakeUP!

Die 3 Schritte zur

zukunftsfähigen Arbeitswelt

PEOPLE fit - PROJECT fit - STRATEGY fit

Liebe Lesende, aus Gründen der besseren Lesbarkeit bei Personenbezeichnungen und personenbezogenen Hauptwörtern habe ich in diesem Buch größtenteils die männliche Form verwendet. Entsprechende Begriffe gelten im Sinne der Gleichbehandlung aber grundsätzlich für alle Geschlechter und beinhalten keine Wertung.

Erste Auflage © 2025 Jürgen Menhart
www.juergen-menhart.com
Foto: Thomas Sattler, Bad Aussee in der Steiermark
Lektorat: Manuela Tengler, manuscript, Schwechat

Druck und Vertrieb im Auftrag des Autors:
Buchschmiede von Dataform Media GmbH
Julius-Raab-Straße 8
2203 Großebersdorf
Österreich

www.buchschmiede.at - Folge deinem Buchgefühl!
Kontaktadresse nach EU-Produktsicherheitsverordnung:
info@buchschmiede.at

ISBN:
978-3-99181-302-6 (Paperback)
978-3-99181-301-9 (E-Book)

PRINTED IN AUSTRIA Printed in Austria

Für meinen Vater,

der mein Leben geprägt hat mit dem Satz:

„Super. Probiere es noch einmal. Du schaffst das!"

INHALT

„Das Spiel ist die höchste

Form der Forschung“

Albert Einstein

Umgang mit dem Buch

Liebe Leserin, lieber Leser,

Dieses Buch liefert Ihnen einen ganzheitlichen, praxisnahen Blueprint für die Transformation Ihres Unternehmens mit den drei klaren Schritten und Prinzipien von PEOPLE fit, PROJECT fit und STRATEGY fit.

Nutzen Sie die vorgestellten Konzepte, Studien und Fallbeispiele, um eine innovative, zukunftsfähige und menschengerechte Arbeitswelt zu schaffen – für sich, Ihr Team und Ihre Organisation.

Diese umfassende Darstellung dient Ihnen als Wegweiser, um die Herausforderungen der modernen Arbeitswelt erfolgreich zu meistern. Die Integration von bewährten Methoden, aktuellen Studienergebnissen, praxisnahen Beispielen und einer klaren Anleitung zur einfachen Umsetzung innerhalb weniger Wochen macht dieses Buch zu einem unverzichtbaren Werkzeug für alle Führungskräfte und Unternehmer, die ihre Organisation nachhaltig transformieren und eine zukunftsfähige Arbeitswelt sichern möchten.

WakeUP! Mit drei klaren Schritten und Prinzipien die Arbeitswelt der Zukunft gestalten.

Vorwort

Die Arbeitswelt befindet sich in einem dramatischen Wandel. Als Führungskraft stehen Sie vor der Herausforderung, Ihr Unternehmen an KI-Technologien, Digitalisierung, sich veränderte Arbeitsbedingungen und neue Marktbedingungen anzupassen. Viele Transformationsprojekte scheitern jedoch. Wie gelingt es, diesen Wandel erfolgreich zu gestalten?

Dieses Buch gibt Ihnen mit den drei zentralen Schritten von **PEOPLE fit, PROJECT fit** und **STRATEGY fit** eine erprobte Methode, um in kürzester Zeit nachhaltigen Erfolg in Ihren Projekten und Organisation zu sichern.

Die 3 Schritte und Prinzipien im Überblick:

1. **PEOPLE fit - das Fundament der Transformation**
Erfolgreiche Veränderungen beginnen mit den Menschen. Eine vertrauensvolle und motivierende Unternehmenskultur ist der Schlüssel für langfristigen Erfolg. Nur wenn Mitarbeitende sich wertgeschätzt fühlen und aktiv in den Wandel einbezogen werden, kann eine Organisation nachhaltig wachsen. Talente müssen gezielt gefördert, Zusammenarbeit gestärkt und Veränderung als Chance begriffen werden.

2. **PROJECT fit - effektive Umsetzung und Zusammenarbeit**
Eine gute Idee allein reicht nicht aus - der Erfolg hängt von der Umsetzung ab. Durch klare Rollen, transparente Prozesse und eine strukturierte Zusammenarbeit entstehen nachhaltige Ergebnisse. Agiles Arbeiten ermöglicht es Teams, flexibel auf Veränderungen zu reagieren und schneller tragfähige Lösungen zu entwickeln. Gleichzeitig werden typische Fehler vermieden, die Projekte scheitern lassen.

3. **STRATEGY fit – nachhaltige Zukunftssicherung** Eine starke Strategie verbindet Vision mit konkreter Umsetzung. Unternehmen müssen ihre langfristigen Ziele definieren, dabei aber auch flexibel genug bleiben, um sich an neue Gegebenheiten anzupassen. Führungskräfte spielen dabei eine entscheidende Rolle: Sie müssen nicht nur den Wandel steuern, sondern ihn aktiv vorleben, um eine nachhaltige Veränderung zu ermöglichen.

In wenigen Stunden erhalten Sie eine praxisnahe Anleitung, um direkt ins Handeln zu kommen. Die besten Tools und klare Schritte an die Hand – kurz, verständlich und umsetzungsstark. Dieses Buch zeigt Ihnen, wie Sie Ihr Unternehmen durch gezielte Maßnahmen anpassungsfähiger, kollaborativer und zukunftssicher gestalten.

Dabei richten sich die Inhalte an Führungskräfte, Team- und Bereichsleiter, die eine neue, innovative und zukunftsfähige Umgebung für erfolgreiche Projekte und Organisationen gestalten wollen. Es kombiniert jahrelange Expertise aus über 20 Jahren aus der Leitung und Begleitung von mehr als 500+ Projekten in über 14 Ländern, erfolgreichen Transformationsvorhaben der Organisation, Führung und gelungener Zusammenarbeit sowie Erkenntnisse aus aktuellen Studien.

Die Verbindung von Theorie und Praxis ist nicht nur bei meinen Keynotes und Begleitungen ein wesentlicher Bestandteil. Mir ist es auf dem Weg des Wandels dabei wichtig, die Brücke zwischen Theorie und praxisnahen Beispielen und Erlebnissen zu bauen. Diese realen Geschichten ermöglichen uns die Reflexion zu bereits bestehenden Erkenntnissen und Erfahrungen aus der Praxis. Außerdem geben sie uns einen Ausblick, was Wunderbares passiert, wenn man mutig neue Schritte in einen klaren Handlungsrahmen setzt.

Auf unserer gemeinsamen Reise werden daher unterschiedliche Beispiele von namhaften Unternehmen wie Microsoft, Google und Volkswagen genannt und reale Erfahrungen aus mehr als über einem Jahrzehnt der Transformationsgestaltung. Ziel ist es, die Gründe und Möglichkeiten eines ganzheitlichen Handlungsrahmens zu verstehen, der Menschen, Prozesse, Projekte und strategische Ausrichtung vereint.

Dieser Rahmen schafft Fokus, stärkt Begeisterung und sichert Profitabilität sowie gelungene Zusammenarbeit.

Gerade heute erleben wir wirtschaftlich unsichere Zeiten. Globalisierung, KI/AI und Digitalisierung beeinflussen uns und die Form unserer Zusammenarbeit massiv. Lang geglaubte, stabile Branchen erleben einen kompletten Umbruch. Damit stehen Unternehmen und Führungskräfte vor sehr zentralen Entscheidungen. Es ist jetzt an der Zeit, die richtigen und wichtigen Schritte zu setzen, sich damit dem vorherrschenden intensiven Paradigmenwechsel mutig zu stellen und damit die Zukunft aktiv selbst zu gestalten.

*„**Innovation heißt: Die Regeln ändern sich.** Was gestern galt, stimmt heute nicht mehr. Darum ist die wichtigste Eigenschaft der Führungskräfte von morgen Anpassungsfähigkeit. Nur wer seine Denk- und Verhaltensmuster regelmäßig neu kalibriert, wird in Zukunft Menschen führen können."*

[Zitat Sven Gábor Jánszky, Deutschlands führender Zukunftsforscher, 08.2024]

Aber was bedeutet das für Führungskräfte und Unternehmen in der heutigen Zeit der Turbulenzen, hoher Volatilität, Generationenwandel und einer nie da gewesenen Beschleunigung? Wie muss man konkret darauf in seiner Rolle als Führungskraft reagieren?

Wir kennen diese Situation nur zu gut, wenn wir Kindern beim Spielen zusehen. Wenn sich die Regeln im Spiel mit seinem Umfeld und Freunden ändern, hat man im Wesentlichen zwei Möglichkeiten, damit umzugehen.

Zum einen, die neuen Spielregeln anzunehmen und sich mit der neuen Situation auseinanderzusetzen.

Dadurch kann man gemeinsam die neue Situation erkennen. Man erlernt neue Fähigkeiten, nimmt diese an und kann am Spiel weiter begeistert teilnehmen. In voller Begeisterung entsteht noch mehr – man kann die neuen Regeln beeinflussen und selbst neue Regeln für das Spiel definieren. Zum anderen kann eine andere Reaktion erfolgen.

Stillzustehen und zu verharren im alten Muster und auf alte Regeln und Situationen zu beharren. Wo das endet, kennen wir nur zu gut.

Über kurz oder lang nimmt man nicht mehr an diesem Spiel teil und zieht sich wohl oder übel ganz zurück – ob gewollt oder ungewollt. Das Spiel geht auf jeden Fall weiter. Diese Situation ist für Kinder eine harte Schule des Lebens.

In zahlreichen Unternehmen zeichnet sich aktuell ein ähnliches Bild ab. Unternehmen, die sich schnell und nachhaltig mit ihren Organisationen, Führungskräften und Mitarbeitern an diese neuen Situationen und Gegebenheiten anpassen können, werden unabhängig der gegebenen Herausforderungen zu einem hohen Anteil weiter am Spielbrett der Wirtschaft ihren Platz finden, die neuen Regeln definieren und Erfolge feiern. Andere haben bereits ihren Platz verlassen oder sind am besten Weg dazu. Wer im Heute nicht mutige und klare Schritte der Transformation setzt, wird es jedoch sehr schwer haben oder in fünf bis zehn Jahren gar nicht mehr aktiv eine Rolle übernehmen können. Die richtigen Schritte im Heute und in der Zukunft zeigen, wer diesem Wandel mutig begegnet und damit die Arbeitswelt der Zukunft mitgestaltet.

Die Vielseitigkeit der vorherrschenden zeitgleichen Paradigmenwechsel bringt uns an die Grenzen – wirtschaftlich und privat wie beruflich. Dynamik und Veränderungen sind an der Tagesordnung. Traditionelle Strukturen der Führung, Organisation und Zusammenarbeit funktionieren nicht mehr, fordern und brechen uns. Burn-out, Mitarbeitermangel, ständige Verfügbarkeit 24/7, Geschwindigkeit, Misserfolge.

Welcher Handlungsrahmen unterstützt gelungene, erfolgreiche Zusammenarbeit und eine Führung mit Leichtigkeit, in der höchste Profitabilität und Begeisterung trotz unsicherer Zeiten ermöglicht werden?

Dieses Buch versteht sich als Leitfaden. Der Reiseführer und die Guidance, um den Weg dieser so dringend benötigten Transformation zu gehen. Diesen erfolgreichen Wandel kann man auf jeden Fall beschleunigen und abkürzen, wenn man den Weg mit jemandem geht, der ihn bereits mehrfach erfolgreich gegangen ist.

Ich danke vielen wunderbaren Wegbegleiter:innen für die inspirierenden Erlebnisse, die ich seit mehr als einem Jahrzehnt als Transformanist erlebt habe. Unzählige Erfahrungen, intensivste Herausforderungen und begeisternd-emotionale Situationen und Erfolge aus meiner Tätigkeit als Impulsgeber, Keynote-Speaker und Experte der Transformationsgestaltung sind in dieses Buch eingeflossen.

Beherrschen Sie die drei Schritte und Prinzipien zu einer zukunftsfähigen Arbeitswelt! Damit gestalten Sie Umgebungen für gelungene Zusammenarbeit, Führung mit Leichtigkeit und Erfolge – für Menschen, Projekte und Unternehmen.

Für alle, die

- einen Weg gehen möchten, um die Selbstständigkeit von Teams zu erhöhen und Schritte zu setzen, damit Sie als Führungskraft wieder Leichtigkeit in Ihrer Tätigkeit erleben

- neue Werkzeuge und Methoden kennenlernen möchten, die sie und ihr Team sofort umsetzen können und die Gemeinschaft stärken

- als Unternehmer und Manager die Stabilität nachhaltig erhöhen und damit die Resilienz für das Unternehmen, die Führungskräfte und Mitarbeiter fördern möchten – eine solide, wertschöpfende Grundlage und Basis für eine profitable, begeisternde Arbeitswelt der Zukunft

- für alle Führungskräfte, die Erfolge mit ihrem Unternehmen und Teams feiern möchten

Viel Erfolg auf Ihrer Reise in die Zukunft der Arbeitswelt!

Ihr,

1. Dein WakeUP! Moment. Die Reise beginnt

1.1. Willkommen an Bord

„Schön, dass du mit dabei bist!" Jede Veränderung beginnt mit dem ersten Schritt und einer Reise. Eine Reise in eine neue Denkweise, in neue Strukturen und in eine zukunftsfähige Unternehmenskultur. In einer Welt, die sich rasant verändert, ist Transformation keine Option mehr, sondern eine Notwendigkeit. Unternehmen stehen vor der Herausforderung, sich effizient, profitabel und nachhaltig aufzustellen, während sie gleichzeitig ihre Mitarbeiter nicht überfordern oder demotivieren dürfen.

In meinen Keynotes und Vorträgen spreche ich genau über diese Herausforderungen und erlebe dabei sehr unterschiedliche Reaktionen der Teilnehmer. Was ich dabei großartig finde, ist das Feedback und die Reaktion auf die gegebenen Impulse, die im Moment ungefiltert durch die Körpersprache und Reaktionen bei den Teilnehmern sichtbar sind. Dabei erlebe ich vielseitige „Wow"- und „Aha"-Momente im und mit dem Publikum. Die Reaktion auf frische Impulse für die Arbeitswelt der Zukunft kann sich aber auch ganz anders darstellen.

Ich kann mich noch gut an eine Situation in Berlin erinnern, wo ich am Morgen nach meiner Keynote dieses Events von der Bühne gekommen bin. Ich war als Opener für das mehrtägige Event gebucht worden. Bei diesen Veranstaltungen ist es die zentrale Aufgabe, als Speaker einen Rahmen zu gestalten und Punkte zu setzen, die das Publikum anspricht und Triggerpunkte setzt. Noch bevor ich den letzten Schritt von der Treppe gesetzt hatte, stand ein (Achtung Stereotyp) typisch deutsch-österreichischer Manager vor mir. Perfekter dreiteiliger Anzug, polierte Schuhe und sichtlich aufgewühlt. Er begrüßte mich mit den Worten: „Herr Menhart. Was glauben Sie, wer denn das alles machen soll? Wie soll in meinem Unternehmen eine solche Transformation umgesetzt werden, wenn nicht einmal das Tagesgeschäft von meinen Führungskräften mehr zu stemmen ist? Da ist keine Zeit dafür. Begeisterung hin oder her – jetzt braucht es Ergebnisse."

Im persönlichen Gespräch und Austausch mit dem Unternehmer tauchten wir im Anschluss tiefer in die Situationen ein, wie er diese als Führungskraft aktuell erlebt.

In dieser Auseinandersetzung mit den Hintergründen seiner Reaktion und vormals angedachten Unvereinbarkeit zeichnete sich ein klares Muster ab. Durch die Fülle der Themen, mit denen sich Führungskräfte in der heutigen Zeit quasi zeitgleich auseinandersetzen müssen, entsteht für viele das Gefühl von einem - zu viel. Diesem Gefühl kann man entgegenwirken und es auflösen, mit einfachen Schritten in einem klaren Handlungsrahmen. Dabei werden im Tun und nach kurzer Zeit sofort Ergebnisse sichtbar - für Menschen und Unternehmen. Heute hat dieses Unternehmen des beschriebenen Herrn im Zuge der Transformation ein Umfeld geschaffen, in dem Klarheit herrscht, der Wandel konsequent und aktiv von den Führungskräften und Mitarbeitern selbst gestaltet wird und Innovationen am laufenden Band erzielt werden.

Solche Gespräche im ersten Moment nach meinen Impulsen sind für mich nicht unüblich, sind es doch direkte Reaktionen aus dem Bauch und Gefühl heraus zu Unbekanntem und Neuem. Wer will schon eine Reise starten, wenn er nicht weiß, welches Ziel verfolgt wird? Von wo man losgeht, wie sich dieser Weg gestaltet und welche Stolpersteine man erleben wird?

Um diesen Weg mit Leichtigkeit, Begeisterung und erfolgreich gemeinsam mit deinem Team zu gehen, steht dir als Führungskraft dieses Buch zur Verfügung. Es zeigt dir die klaren Schritte und stellt dir eine Schritt-für-Schritt-Anleitung zur Verfügung, damit ihr eure Transformation in eine zukunftsfähige Arbeitswelt einfach umsetzen könnt. Profitabel und begeisternd.

1.2. Dein Fahrplan zur zukunftsfähigen Arbeitswelt

Die Arbeitswelt von heute verlangt nicht nur Ergebnisse, sondern vor allem auch Effizienz, Innovationskraft und eine klare Strategie. Unternehmen müssen sich die Frage stellen: Wie schaffen wir es, von Verschwendung zu den maximalen Ergebnissen zu gelangen? Wie können wir Innovations- und Investitionsverluste minimieren, die handelnden Personen auf dem Weg mitnehmen und gleichzeitig eine stabile Profitabilität erreichen? Diese Fragen sind essenziell, denn der wirtschaftliche Druck wächst. Unternehmen müssen heute jeden Euro mindestens fünfmal umdrehen, bevor sie investieren. Gleichzeitig erleben wir eine digitale Transformation, die mit Künstlicher Intelligenz (KI) und Automatisierung völlig neue Möglichkeiten eröffnet. Doch wie setzen Unternehmen diese Technologien sinnvoll ein, ohne sich in der Komplexität zu verlieren?

Am Beispiel und ausgehend von der Reaktion aus der erzählten Geschichte des Unternehmers beginnt unsere Reise mit einem klaren Ziel und einer zentralen Spielregel. Dein Commitment: Wir betrachten dabei diese Transformation nicht als notwendiges Übel, sondern als strategischen Vorteil.

Dabei spielt nicht nur die Methodik eine Rolle, sondern ganz zentral die Menschen, die diesen Wandel erleben und mitgestalten. Du hältst dieses Buch in den Händen, weil du den Wunsch hast, dein Unternehmen zukunftssicher und erfolgreich zu transformieren und diese Reise ohne größere Stolpersteine zu erleben.

In den folgenden Kapiteln gehen wir auf die einzelnen Puzzle-Bausteine ein, die wichtig sind und wie du diese einzelnen Teile in welcher Reihenfolge am sinnvollsten und effektivsten zusammenbaust.

Was du im Verlauf des Buches lernen wirst:

- Roadblocks erkennen - wie du die Herausforderungen der modernen Arbeitswelt verstehst und bewältigst
- Warum traditionelle Organisations- und Führungsmodelle oft nicht mehr ausreichen und wie der Wandel von Autorität zu Inspiration gelingt
- Welche Rolle Begeisterung, emotionale Intelligenz, Fokus und Disziplin in der Transformation spielen und wie diese Elemente zu nachhaltigem Erfolg führen
- Wie du ein ganzheitliches, menschenzentriertes System mit drei einfachen Schritten und Prinzipien aufbaust, maximale Effizienz, höchste Profitabilität und begeisterte Teams sicherst
- Wie du sofort als Führungskraft und mit deinen Teams losstarten und umgehend in die Umsetzung gehen kannst

1.3. Mein „Wozu“: Warum dieses Buch?

In über 20 Jahren als Leiter komplexer Vorhaben und mehr als einem Jahrzehnt als Transformationsbegleiter habe ich erlebt, wie ineffiziente Führungsmodelle und veraltete Strukturen Unternehmen ausbremsen oder gar zum Scheitern gebracht haben. Zu oft liegen wiederholbare Dogmas dahinter. Das Festhalten an Mustern und vorgegebenen, eingefahrenen Strukturen mit dem Glaubenssatz: „Das muss so sein. Das ist bei uns so!“ Andererseits werden in vielen Unternehmen Veränderungen mal eben so umgesetzt durch reine Einführung von neuen Methoden und Prozessen, die einem großen, schweren Elefanten ähneln.

<WASTE> Diese Schritte führen zumeist nicht zum Erfolg, sondern sind kostenineffizient und verstärken nur noch mehr den Stillstand und das Gefühl des „zu viel“. Häufig wird ein zentraler Punkt gar nicht mitbetrachtet - der Fokus auf den Menschen geht verloren.

In nachhaltigen Transformationen geht es nicht darum, einen „großen, schweren Elefanten" an Strukturen zu schaffen, sondern um einen flexiblen, menschenzentrierten Ansatz zu sichern, der fordert und fördert. Meine Motivation ist es, dir einen praxisnahen Blueprint zu bieten, der dein Team und dich inspiriert und befähigt, den Herausforderungen der modernen Arbeitswelt entschlossen zu begegnen.

Damit gestaltest du ein Umfeld, in dem Menschen miteinander erfolgreich arbeiten und Erfolge feiern. Ein Umfeld, in dem Zusammenarbeit und Führung neu erlebt werden: Zusammen. Erfolgreich. Glücklich.

1.4. Storytelling Example – Was entsteht, wenn es gelingt?

Beim Start einer Reise ist es immer wichtig zu wissen, wo man gerade selbst steht und wie man sein Umfeld vorfindet und erlebt. Ich nenne es „AS-IS". Dieser Punkt zur Reflexion ist essenziell, damit eine Klarheit im Kopf entsteht, bevor man blind irgendwohin losstartet und in Aktionismus verfällt.

Bevor du dir jedoch dazu deine Gedanken machst, möchte ich dir einen Einblick geben, was entstehen kann, wenn Transformation nachhaltig gelingt. Von einer möchte ich dir erzählen, die ich vor mehreren Jahren in einem industrienahen Klein- und Mittelunternehmen miterleben durfte.

Durch diesen Einblick werden zum Anfang dieser Reise zwei wesentliche Punkte ermöglicht:

- ☐ Ein Blick, wie der Wandel gestaltet werden kann, welche Hintergründe und welches <Wozu> die Menschen bewegt?
- ☐ Eine ehrliche Reflexion, der Blick auf uns selbst. Wie nimmst du dich selbst und dein aktuelles Umfeld wahr?

Begeisterung und gelungene Transformation! Was, wenn's funktioniert?

Stefan saß in seinem modernen Büro, umgeben von der geschäftigen Atmosphäre der Stadt, die durch die großen Fenster strömte. In den letzten Monaten hatte er sich als leidenschaftliche Führungskraft und Mentor bewährt. Mit seinem Team hatten sie durch neue, einfache Schritte der Zusammenarbeit, Kommunikation und Führung bemerkenswerte Fortschritte erzielt. Trotz dieser Erfolge nagte ein Gefühl der Unsicherheit an ihm. Wie könnte er diese positiven Veränderungen nicht nur in seinem Team, sondern im gesamten Unternehmen sichtbar machen?

In einem Moment der Gedanken erinnerte sich Stefan an eine Statistik, die er kürzlich gelesen hatte: 70 Prozent der Veränderungen in Organisationen scheitern nicht aufgrund fehlender Fähigkeiten, sondern wegen mangelnder Sichtbarkeit und Kommunikation. Diese Erkenntnis trieb ihn an. Er wusste, dass es um mehr ging als die Implementierung neuer Prozesse. Wesentlich war dabei, das Team zu befähigen, diese Veränderungen zu kommunizieren und die Erfolge zu feiern.

Eines Nachmittags klopfte es an der Tür. Seine langjährige Kollegin und Sparringspartnerin Lisa trat ein. „Stefan, ich habe gehört, du machst große Fortschritte. Was beschäftigt dich?"

Er erklärte seine Bedenken. „Ich frage mich, wie ich unser Team und unsere Erfolge auf eine breitere Ebene bringen kann. Mir ist es wichtig, dass viele im Unternehmen sehen, was sie erreicht haben. Das Team ist begeistert unterwegs und andere sollen die Möglichkeit haben einen Einblick zu erhalten, wie sie es selbst umsetzen können. Ich weiß jedoch nicht, wie ich das anstellen soll. Mit reinen Zahlen-Daten-Fakten wird das wenig bringen. Die Begeisterung und Erfolge müssen sichtbar sein."

„Es ist normal, sich bei solchen Herausforderungen unsicher zu fühlen", antwortete Lisa. „Lass uns gemeinsam einen Weg finden, um eure Erfolge und den großartigen Spirit sichtbar zu machen und die nächsten Schritte zu planen."

*** Die Grundlagen effektiver Führung ***

Um Stefans Herausforderungen zu verstehen, ist es wichtig, die Grundlagen effektiver Führung zu betrachten. Erfolgreiche Führungskräfte zeichnen sich durch bestimmte Eigenschaften aus wie visionäre Denkweise, Empathie und Adaptabilität. Diese Eigenschaften helfen nicht nur, Teams zu inspirieren, sondern auch eine Kultur des Vertrauens und der Zusammenarbeit zu fördern.

******

Stefan wusste aus einem Gespräch mit Lisa, dass empathische Führungskräfte die Mitarbeiterbindung um 50 Prozent steigern können – eine Erkenntnis, die er in seiner Karriere immer wieder bestätigt sah. „Führung ist mehr als lediglich Anweisungen zu geben; es bedeutet, das Team zu stärken und zu inspirieren", hatte sein vormaliger Seniorchef oft gesagt. „Als Führungskraft ist es wichtig, ein Umfeld zu schaffen, in dem Teammitglieder ihre Ideen und Bedenken offen äußern können."

Ein solches Umfeld erlebte Stefan mit seinem Team tagtäglich. Seine Aufgabe als Führungskraft bestand seit ihrer neuen Form der Zusammenarbeit, Kommunikation und Führung, eine solche Kultur zu fördern und andere zu ermutigen, ihre Sichtweisen und Erfahrungen zu teilen. Damit konnte er sicherstellen, dass alle Stimmen gehört wurden.

Emotionale Verbindung: Der erste Schritt zur Sichtbarkeit

In den folgenden Tagen arbeitete Stefan eng mit Lisa zusammen, um seine Ideen zu strukturieren und greifbare Schritte zu entwickeln. Sie sprachen über die Kraft von Geschichten und wie das Erzählen ihrer Erfolge die Aufmerksamkeit und Unterstützung anderer gewinnen könnte.

„Erzähl die Geschichten deines Teams", riet Lisa. „Menschen verbinden sich mit Geschichten viel mehr als mit Zahlen und Fakten."

Stefan erinnerte sich an eine Situation, die er in einem früheren Projekt erlebt hatte.

In einem Teammeeting, in dem er die Herausforderungen ansprach, stellte sich heraus, dass jeder im Raum ähnliche Bedenken hatte. Durch das Teilen dieser Geschichten wurde das Team enger zusammengebracht und entwickelte eine neue, gemeinsame Vision. Durch die unterschiedlichen Einblicke entstand ein gegenseitiges Verständnis und vor allem – großartige neue Ideen, wie man es noch erfolgreicher machen könnte. Ein Innovationszug von Ideen und eine Begeisterung, die viele im Team inspirierte. Durch diesen Austausch entstand die Vertrautheit im Miteinander und der unbedingte Wille, das Projekt erfolgreich umzusetzen. Diese Erfahrungen stärkten die Erkenntnisse von Stefan, wie wichtig es war, die eigene Geschichte, Erfahrungen und Bedürfnisse authentisch zu erzählen und im Team zu teilen.

„Die Menschen möchten wissen, wofür ihr steht, was ihr erlebt habt, welche Probleme gelöst wurden. Authentizität schafft Vertrauen", sagte Lisa.

Disziplinierte Umsetzung: der Weg zur Transformation

Am Tag der Vorstellung stand Stefan vor dem Führungsteam und war sehr stolz auf sein Team. Sie stellten ihre Roadmap der Transformation vor, erklärten die einzelnen Schritte und Erfolge des Teams und erzählten Geschichten, die die Werte und die Kultur der Abteilung, Zusammenarbeit und Führung widerspiegelten.

„Wir haben gemeinsam eine Atmosphäre geschaffen, in der Kreativität gefördert wird, und das hat uns geholfen, innovative Lösungen für unsere Kunden zu entwickeln", erklärte ein Kollege aus dem Bereich der Finanz und des Einkaufs leidenschaftlich. „Ich glaube, dass wir diese Erfolgsformel auf andere Teams im Unternehmen übertragen können. Das macht so viel Sinn und wir haben richtig Fun dabei, auch wenn es einmal schwierig wird."

Die Reaktion war überwältigend. Die Kollegen aus den anderen Fachabteilungen applaudierten und viele waren beeindruckt von der Transformation, die Stefan und sein Team erreicht hatten.

Nach den Vorstellungen kam es zu angeregter Diskussion und Austausch, wie das Team diese Umstellung geschafft hatte und welche Dinge sich in ihrem täglichen Tun verändert hatten. Viele zeigten ein großes Interesse, bereits morgen selbst mit kleinen Dingen der Veränderung zu starten und in die Umsetzung zu gehen.

Der Schlüssel zum Erfolg

Stefan und sein Team wussten, dass sie auf dem richtigen Weg waren. Stefans Befürchtungen als Führungskraft hatten sich nicht nur in Luft aufgelöst, sondern umso mehr gewandelt in Begeisterung für sein Team und Unternehmen. Durch die begeisternde Vorstellung des Teams schafften sie es, die Sichtbarkeit ihrer Erfolge zu steigern, sondern umso mehr, andere Teams zu ermutigen, selbst diese Schritte zu gehen. Der Schlüssel zum Erfolg ist nicht einzig die Fähigkeit, eigene Ziele zu setzen, sondern auch die Fähigkeit, andere zu inspirieren und mitzunehmen.

Mit der Unterstützung seiner Kollegen und der Entschlossenheit, die Veränderung weiter in seinem Unternehmen voranzutreiben, war Stefan bereit für die nächsten Schritte. Er wusste, dass die Herausforderungen, die vor ihnen lagen, Gelegenheiten für seine Kollegen und ihn waren, weiterzuwachsen und das Unternehmen in eine positive Zukunft zu führen. Die Basis des gegenseitigen Vertrauens war auf jeden Fall gegeben, um mutig Neues auszuprobieren.

Die Personen sind frei erfunden, die Geschichte ist real. Diese wiederholt sich in vielen Unternehmen. Zumeist sind es kleine Teams und einzelne Gruppen, die ihren Wunsch äußern oder unter der Hand einfach mal neue Dinge ausprobieren (U-Boot-Taktik). Dabei entstehen Erfahrungen, wie etwas gut unterstützen kann oder wie eben neue Dinge nicht funktionieren. Wenn aber die erste Stufe gemeistert ist und die Ergebnisse sichtbar werden, dann ist es meistens der Tipping-Point für den nächsten großen Schritt. Der Wunsch von mehr davon und einer gemeinsamen Zielsetzung.

Viele Führungskräfte sind am Zweifeln, wie sie diesen richtigen Schritt in der heutigen turbulenten Zeit setzen. Sie suchen nach einem Weg, wie sie ein Umfeld für erfolgreiche und gelungene Zusammenarbeit gestalten können. Dabei ist es enorm wichtig, nicht nur eine kurzfristige Verbesserung zu schaffen, sondern eine Umgebung, die nachhaltig trägt, Flexibilität ermöglicht, unterstützt und Projekterfolge ermöglicht. Ineffizienz und ein unkontrolliertes Ausprobieren, das danach im schlimmsten Fall noch die Verunsicherung im Unternehmen steigert, sind in der heutigen Zeit keine Option mehr.

Wie in der Geschichte von Stefan und Lisa beschrieben, startet der erste Schritt immer beim eigenen Bewusstsein. Die Reflexion, wo man gerade steht, welche Herausforderungen man selbst in seiner Rolle als Führungskraft erlebt und welche Dinge bereits sehr gut funktionieren. Es ist Zeit zur Reflexion.

1.5. Erkenne dein Handlungsumfeld

a. Reflexion über das eigene Handlungsumfeld

Nach diesem Storytelling-Impuls über Organisation, Führung, Zusammenarbeit und Skalierungsmöglichkeiten lade ich dich zu einer persönlichen Reflexion ein; den Blick auf eure und deine aktuelle Situation. Damit hast du die Möglichkeit, dass ein Bild für dich entsteht, wie du aktuell dein Umfeld und deine Rolle wahrnimmst und welche Schritte du selbst sofort in der Hand nimmst.

Reflexionsfragen:

1. Warum hast du dieses Buch gewählt und was hat dich dabei getriggert? Welcher Impuls hat dich besonders angesprochen?

2. Welche Vision verfolgst du für dich und dein Unternehmen? Was macht richtig Sinn, begeistert dich und was möchtest du erhalten und bestärken?

3. Was funktioniert in deinem Umfeld/deiner Rolle für dich gerade überhaupt nicht?

4. Was ist dein „Wozu"? Welches Ergebnis soll nach den Schritten der Transformation für dich und für eure Organisation vorliegen?

b. Reflexion über die eigene Führungspersönlichkeit

Wenn du in der Frage der Führung und deinem Umfeld tiefer gehen möchtest, stelle ich dir hier die WakeUP! Checkliste zur Selbstreflexion zur Verfügung.

Diese Tabelle dient als umfassende Reflexionshilfe für dich als Führungskraft, um deine persönlichen und beruflichen Ziele sowie deren Entwicklung in verschiedenen Bereichen besser zu verstehen und zu steuern. Damit steht dir eine strukturierte Möglichkeit zur Selbstreflexion zur Verfügung, die dir helfen kann, verschiedene Aspekte in deinem Umfeld zu analysieren, bewusst zu machen und klare nächste Maßnahmen zu setzen.

Bereich	**Fragen zur Reflexion**
A. Ziele	
1. Kurzfristige	• Was möchte ich in den nächsten 3 bis 6 Monaten erreichen? • Welche konkreten Schritte sind erforderlich, um diese Ziele zu erreichen?
2. Langfristige	• Wo sehe ich mich in 5 bis 10 Jahren? • Welche Meilensteine sind auf dem Weg zu meinen langfristigen Zielen wichtig?
3. Hindernisse	• Was sind die größten Herausforderungen, die mich von meinen Zielen abhalten? • Welche Strategien kann ich entwickeln, um diese Hindernisse zu überwinden?
B. Werte-Checkliste	
Wichtige Werte	• Welche drei Werte sind mir am wichtigsten? (z. B. Ehrlichkeit, Familie, Freiheit) • Wie beeinflussen diese Werte meine Entscheidungen?
Glaubenssätze	• Welche Glaubenssätze habe ich über mich selbst und die Welt? (z. B. „Ich bin nicht gut genug.") • Woher stammen diese Glaubenssätze (z. B. Familie, Kultur, Erfahrungen)?
Überprüfung	• Sind meine Glaubenssätze hilfreich oder hinderlich? • Wie kann ich negative Glaubenssätze umformulieren?
C. Emotionale Reflexions-Checkliste	
Gefühlsanalyse	• Welche Emotionen erlebe ich regelmäßig (z. B. Angst, Freude, Wut)? • In welchen Situationen fühle ich mich am emotionalsten?
Umgang mit Emotionen	• Wie reagiere ich auf negative Emotionen? • Welche Methoden zur Emotionsregulation nutze ich (z. B. Meditation, Sport)?

Emotionale Gesundheit	• Was kann ich tun, um meine emotionale Gesundheit zu stärken?
D. Beziehungs-Checkliste	
Wichtige Beziehungen	• Wer sind die Menschen, die mir am meisten bedeuten? • Wie oft kommuniziere ich mit ihnen?
Beziehungsqualität	• Wie zufrieden bin ich mit meinen Beziehungen? • Was kann ich tun, um diese Beziehungen zu vertiefen?
Toxische Beziehungen	• Gibt es Beziehungen, die mir nicht guttun? • Wie gehe ich mit toxischen Beziehungen um oder beende sie?
E. Erfolgs-Checkliste	
Erfolge reflektieren	• Was habe ich in den letzten zwölf Monaten erreicht? • Welche kleinen Erfolge kann ich feiern?
Fähigkeiten	• Welche Fähigkeiten oder Eigenschaften haben mir geholfen, erfolgreich zu sein? • Wie kann ich diese Fähigkeiten weiterentwickeln?
Ziele für die Zukunft	• Was sind meine nächsten Schritte, um weiterhin erfolgreich zu sein?
F. Zeitmanagement-Checkliste	
Zeitnutzung	• Wie verbringe ich durchschnittlich meinen Tag? • Was sind meine Hauptaktivitäten?
Zeitfresser identifizieren	• Welche Aktivitäten rauben mir die meiste Zeit, ohne dass ich produktiv bin? (z. B. Social Media) • Wie kann ich diese Zeitfresser reduzieren oder eliminieren?
Effektive Nutzung	• Welche Techniken kann ich anwenden, um meine Zeit effektiver zu nutzen? (z. B. Pomodoro-Technik)
G. Gesundheits-Checkliste	
Körperliche Gesundheit	• Wie fühle ich mich körperlich (Energielevel, Fitness)? • Nutze ich regelmäßige Vorsorgeuntersuchungen oder Arztbesuche?
Ernährung und Bewegung	• Wie ausgewogen ist meine Ernährung? • Wie oft mache ich Sport und welche Arten von Bewegung gefallen mir?
Verbesserungsbedarf	• Gibt es gesundheitliche Aspekte, die ich verbessern sollte? (z. B. Schlaf, Stressbewältigung)
H. Selbstfürsorge-Checkliste	
Selbstpflege-Rituale	• Was tue ich regelmäßig für mein Wohlbefinden? • Wie oft gönne ich mir Pausen oder Auszeiten?

Aktivitäten für das Wohlbefinden	• Welche Aktivitäten tun mir gut? (z. B. Lesen, Spaziergänge, Hobbys) • Wie kann ich mehr Zeit für diese Aktivitäten schaffen?
Grenzen setzen	• Wie gehe ich mit Verpflichtungen um, die mich überfordern? • Wie kann ich lernen, „Nein" zu sagen?
I. Lern- und Wachstums-Checkliste	
Lern-gewohnheiten	• Was habe ich in den letzten Monaten gelernt? • Welche Lernmethoden funktionieren für mich am besten?
Ziele für persönliche Entwicklung	• Welche neuen Fähigkeiten möchte ich im nächsten Jahr erwerben? • Wie plane ich, diese Fähigkeiten zu erlernen?
Feedback einholen	• Von wem kann ich konstruktives Feedback zu meiner Entwicklung erhalten? • Wie kann ich Feedback nutzen, um mich zu verbessern?
J. Dankbarkeits-Checkliste	
Tägliche Dankbarkeit	• Wofür bin ich heute dankbar? (z. B. Unterstützung von Freunden, Natur) • Wie fühle ich mich, wenn ich Dankbarkeit ausdrücke?
Positive Erfahrungen	• Welche positiven Erfahrungen hatten einen großen Einfluss auf mein Leben? • Wie kann ich diese positiven Erinnerungen sinnvoll nutzen?
Integration in den Alltag	• Wie kann ich mehr Dankbarkeit in meinen Alltag integrieren? (z. B. Dankbarkeitstagebuch führen)

c. Aktion - Veränderung entsteht mit dem ersten Schritt

Die Zukunft gestalten wir selbst. Formuliere für dich die Inhalte und gehe in die Umsetzung. Welche drei Bereiche möchtest du verbessern und wo setzt du jetzt den ersten Schritt?

1. Bereich	
Wozu	
konkreter Zeitraum	
dein nächster Schritt	
Ergebnis	
2. Bereich	
Wozu	
konkreter Zeitraum	
dein nächster Schritt	
Ergebnis	
3. Bereich	
Wozu	
konkreter Zeitraum	
dein nächster Schritt	
Ergebnis	

Beispiel:

- BEZIEHUNG: *„Mit meinen neuen Kollegen, die gerade im Unternehmen gestartet sind, habe ich wenig Kontakt."*
- WOZU: *„Damit ich in einen besseren Austausch komme, werde ich mit drei neuen Kollegen ein informelles Gespräch führen, damit ich sie und sie mich besser kennenlernen können."*
- KONKRETER ZEITRAUM: *„In den nächsten fünf Tagen."*
- ERGEBNIS: *„Dadurch erleichtere ich uns das Gespräch, wenn wir uns das erste Mal im operativen Umfeld oder in einer Projektsituation treffen."*

1.6. Was entsteht – Ausblick auf die Reise

Unabhängig von der persönlichen oder organisatorischen Transformation. Der Weg und die Schritte dazu sind kein linearer, minutiös geplanter Fahrplan, sondern ein dynamischer Prozess, der Mut und Flexibilität erfordert. Dabei heißt es aber nicht, keinen Plan dafür zu haben. Es braucht einen guten Handlungsrahmen und eine klare Struktur mit Schutz- und Leitplanken, damit solch eine Transformation erfolgreich umgesetzt werden kann.

Auf der Unternehmensebene existieren zahlreiche inspirierende Beispiele, was entstehen kann, wenn man mit Inspiration, Mut und Begeisterung neue Wege geht - unabhängig ob in Form neuer Produkte und Dienstleistungen oder in der Form der Führung und Zusammenarbeit.

Ein Blick auf erfolgreiche Beispiele wie Google zeigt, dass klare Visionen und eine offene Unternehmenskultur zu exponentiellem Wachstum führen können. In einer Welt, die immer turbulenter wird, ist es entscheidend, dass wir den Menschen in den Mittelpunkt stellen -nur so können wir eine zukunftssichere und inspirierende Arbeitskultur schaffen.

Einen Einblick dazu hat uns der Film *Prakti.com* aus dem Jahr 2013 ermöglicht, der zwei Bewerber auf ihrem Weg zu einem Job- und Aufgabenfeld begleitet, das sie so noch nie zuvor gekannt hatten. Interessant dabei ist der Hintergrund des Films. Um Google und die Chancen für neue Bewerber sichtbar zu machen und Kandidaten anzusprechen, konzipierte das Unternehmen als Marketingmaßnahme diesen Film - Promotion und Recruiting mit ganz neuen Möglichkeiten.

Dieses Beispiel gibt einen kleinen Einblick, mit welchen Ideen Google hier neue kreative Wege geht. Neben dem Unterhaltungswert des Films, den jeder natürlich selbst einschätzen darf, gibt er einen eindrucksvollen Einblick darüber, welche Kultur hinter dem Unternehmen gelebt wird und welchen Zweck diese bestärkt.

1. **Offene Unternehmenskultur:** Google ist bekannt für seine innovative und kreative Arbeitsumgebung, die es Mitarbeitern ermöglicht, Ideen frei zu äußern und zu entwickeln. Dies fördert nicht nur die Kreativität, sondern auch die Produktivität. Zahlreiche Publikationen der letzten Jahre weisen darauf hin, das Unternehmen mit einer offenen und transparenten Unternehmenskultur eine höhere Mitarbeiterzufriedenheit und -bindung aufweisen.

2. **Leadership und Kultur:** Führungskräfte bei Google sind dafür verantwortlich, eine Kultur zu fördern, die Innovation und Zusammenarbeit unterstützt. Die Rolle von Führungskräften ist entscheidend für die Entwicklung einer starken Unternehmenskultur. Sie beeinflussen durch ihr tägliches Tun, Kommunikation und Verhalten ihr engstes Umfeld. Führungskräfte, die ihr Engagement bewusst einsetzen für ihre Mitarbeiter, fördern eine positive Unternehmenskultur und sind erfolgreicher.

3. **Langfristige Vision**: Google verfolgt eine langfristige Vision, die über kurzfristige Gewinne hinausgeht. Diese Vision, die sich auf technologische Innovationen und gesellschaftliche Verantwortung konzentriert, hat dem Unternehmen geholfen, eine loyale Kundenbasis aufzubauen und das Vertrauen in die Marke zu stärken.

Mit diesen Schwerpunkten setzt das Unternehmen wichtige Eckpfeiler für die Zusammenarbeit und einen klaren Fokus. Neben diesem umfassenden Blick, Kultur, Führung und Future Work-Umgebungen darf man auch hinter die andere Seite der Medaille sehen. Der Mensch steht im Fokus und im Handeln – und dieses zentrale Element verbindet jedes Unternehmen und jedes gemeinsame Vorhaben. Google wird in vielen Punkten für zukunftsfähige Arbeitskulturen und Führungskompetenzen genannt. Dabei versucht sich das Unternehmen an neuen Praktiken, die von anderen als Modell für moderne Arbeitsumgebungen übernommen werden.

Dabei erlebt das Unternehmen stürmische Zeiten. Trotz moderner Umgebungen gibt es auch Kritik und Streitigkeiten.

Es zeigt, dass nicht immer alles so ideal läuft, wie es auf den ersten Blick scheint. Unabhängig ob Klein- und Mittelunternehmen oder Großkonzern. Jedes Unternehmen hat seine Herausforderungen in der Zusammenarbeit und in der Form der Organisation und Führung. Für die Gestaltung der Arbeitswelt der Zukunft gibt es kein Schema F, sondern nur eine perfekte Kombination, die auf dem gemeinsamen Weg der Transformation erlebt, ausprobiert, losgelassen und hinzugefügt wird.

Neben den vielseitigen Ansätzen und Erfahrungen der Mitarbeiterführung, Kommunikation und Organisation hat Google in den letzten Jahren ein signifikantes Umsatzwachstum verzeichnet. Vor Jahren noch eine reine Suchmaschine mit zahlreichen Mitbewerbern, hält Google heute über 90 Prozent der Suchanfragen weltweit. In neuen Bereichen, beispielsweise der Google Cloud Plattform, wurde der Jahresumsatz kontinuierlich gesteigert. Dabei wurde ein Umsatz von über 6 Milliarden US-Dollar im Jahr 2021 erreicht, was einem Anstieg von mehr als 40 Prozent im Vergleich zum Vorjahr entsprach.

Diese Wachstumsrate zeigt, wie innovative Dienstleistungen und Produkte zu einem exponentiellen Wachstum führen können und wie wesentlich es ist, ein Umfeld der gelungenen Zusammenarbeit und Führung zu gestalten. Dieses Umfeld unterstützt mutige Schritte und beeinflusst damit den gemeinsamen Erfolg.

2. Die Ausgangssituation

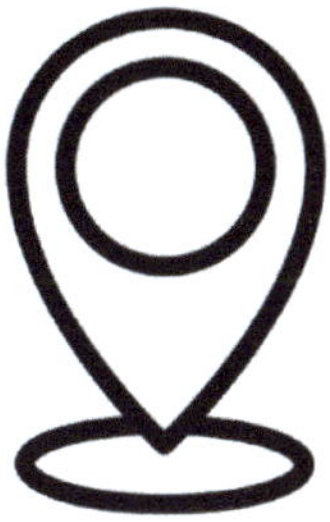

2.1. Herausforderungen der modernen Arbeitswelt

Nach der persönlichen Reflexion gehen wir eine Stufe weiter. Wir setzen uns mit den Gegebenheiten der bestehenden Führungs-, Kultur- und Organisationsformen auseinander und werfen einen Blick auf unser aktuelles Umfeld und Trends.

Die heutige Arbeitswelt ist komplexer als je zuvor. Digitalisierung, Globalisierung und sich schnell verändernde Marktbedingungen setzen Unternehmen unter Druck. Sieht man sich das aktuelle Bild des täglichen Handlungsfeldes eines typischen Unternehmens im DACH-Raum an, sind diese einem immer größer werdenden Berg der Komplexität ausgesetzt.

Diesen Herausforderungen stehen starke Glaubenssätze gegenüber. Vielleicht kommt dir der ein oder andere bekannt vor.

- „Mehrere Projekte zeitgleich bedeuten mehr Erfolg.“
- „Je mehr Meetings, desto besser die Kommunikation.“
- „Teams arbeiten nur an einem Projekt.“
- „Das mit der KI-Einführung, das macht einmal der Student.“
- „Multitasking erhöht die Effizienz.“

Diese Formulierungen werden oft zuerst verwendet, wenn es eng wird oder eine schnelle Lösung für ein Problem benötigt wird.

Dabei wird dem wahren Ursprung der Problematik nicht auf den Grund gegangen. Zumeist scheitern diese Versuche oder bringen keinen Erfolg. Im schlimmsten Fall verursachen sie noch mehr Chaos im System und fördern die Unsicherheit.

2.2. Globalisierung, Digitalisierung und Generationenwandel

Als Führungskraft von heute wird man mit enormen Herausforderungen konfrontiert. In Zeiten der Globalisierung erfordern internationale Märkte und diverse Kulturen flexible Strategien und schnelle Anpassungsfähigkeit, um sich im internationalen Wettbewerb behaupten zu können. Künstliche Intelligenz und digitale Tools ermöglichen unglaubliche Chancen, erfordern aber umso mehr fundamentale Veränderungen in Arbeitsprozessen, Form der Führung, Kommunikation und Zusammenarbeit. Zudem sehen sich viele durch den bestehenden Generationenwandel gefordert. Junge Talente bringen neben zahlreichen neuen Fähigkeiten und Stärken neue Erwartungen mit, die eine Anpassung der Unternehmenskultur notwendig machen. Gleichzeitig prägt dieser Wandel die Erwartungen an Führung und Zusammenarbeit: Junge Talente erwarten Sinnhaftigkeit, Partizipation und mehr Flexibilität.

Heute reicht es eben nicht mehr, einfach nur noch mehr Projekte zu starten - der Erfolg hängt davon ab, wie gut Unternehmen ihre Möglichkeiten effizient bündeln, Fähigkeiten verbinden und ihre Teams synchronisieren. In meinen Begleitungen erlebe ich oft in den Erstgesprächen, dass eine falsche Annahme vorherrscht. Dabei sind diese Zugänge gar nicht falsch oder richtig, sondern eine reine Reaktion auf das bestehende Umfeld und aus dem Bewusstsein, wie man es die letzten Jahre gemacht hat. Viele denken, dass mehr Projekte automatisch mehr Erfolg bedeuten und verfallen im Multiprojektmanagement in einen „Mitarbeiter-Schieberitis"-Modus.

Diese vermeintliche Lösung führt oft zu Frustration, Chaos und ineffizienten Abläufen bei den Mitarbeitern. Anstatt fokussierter Tätigkeit werden Aufgaben und Prioritäten für Mitarbeiter im Stundentakt verändert. In diesem Umfeld gibt auch der stärkste zu begeisternde Teamplayer auf und switcht in den Modus „Dienst nach Vorschrift" – der Anfang vom Ende. In vielen Organisationen zählen zudem nicht das beste Argument für das Business (Wozu), ein gemeinsam abgestimmter roter Faden (Priorität), sondern die lauteste Stimme. Wer einen Mitarbeiter zu sich ins Boot holen will, der benötigt nur Klarheit und Alpha-Tier-Standvermögen.

Solche Mechanismen führen zu Stillstand, Überforderung und letztlich ungenutztem Potenzial. Die heutige Arbeitswelt fordert umso mehr eine weitere Komponente als Führungskraft – den sicheren Umgang mit Unsicherheiten.

Unternehmen müssen sich heute nicht nur mit technologischen Neuerungen auseinandersetzen, sondern auch mit geopolitischen Veränderungen, neuen Handelszöllen und einer sich wandelnden Wertschöpfungskette. Gerade in Europa stehen viele Unternehmen vor der Frage, wie sie in einer sich rasant verändernden Welt wettbewerbsfähig bleiben können und mit den wachsenden Regularien aus Datenschutz, Dokumentation, Umwelt, Zollpolitik, Energie, Digitalisierung und vielen weiteren umgehen sollen.

2.3. Chancen erkennen und nutzen

Doch in all diesen Herausforderungen liegt eine große Chance. Unternehmen, die es schaffen, klare Strukturen zu etablieren, ihre Teams richtig einzusetzen und moderne (KI-) Technologien sinnvoll zu nutzen, können sich einen strategischen Vorteil verschaffen. Beispiele dafür erleben wir schon heute. Unternehmen wie *Sanofi*, ein weltweites Pharmaunternehmen, setzen bereits seit längerem „KI-managed-Systeme" in verschiedensten Bereichen ein. Diese Systeme unterstützen das Top-Management, Führungskräfte und Teammitglieder dabei, schnell und einfach auf aktuelle Daten zugreifen zu können und damit unabhängig von der gegebenen Situation, basierend auf dieser Basis, kluge Entscheidungen zu treffen.

Die Zeiten des Powerpoints-Malens, Excel-Tuning und Meeting-Minutes-Bearbeitung neigen sich bald dem Ende zu. Wie oft habe ich vor Jahrzehnten als junge Führungskraft noch selbst Stunden damit verbracht, das korrekte und neue Corporate Identity Format in die aktuellen Steering Slides einzubauen, die Informationen mit Bullet Points aufzubereiten, damit eine (meiner Meinung nach) positive Entscheidung herbeigeführt wird.

Trotz der ungeahnten Möglichkeiten durch die Unterstützung von KI-Applikationen und KI-Agents, die quasi täglich mit einer schier unzählbaren Varianz und unglaublichen Fähigkeiten neu aus dem Boden wachsen, stellt sich in vielen Unternehmen noch eine ganz andere Situation dar. Berichte und Projektergebnisse werden manuell erstellt, Tonnen an Excel-Kalkulationen versandt, geteilt, verlinkt und Zirkelbezüge korrigiert.

Eine volle und durchgängige Transparenz mit Einfachheit sieht anders aus. Zudem ist es massiver Waste. Wir verschwenden die Fähigkeiten unserer wertvollsten Mitarbeiter und Führungskräfte. Menschen, die sich Jahrzehnte in ihrem Bereich professionalisiert haben, auf Hard- und Soft Skills sowie Leadership-Development-Programme gesandt wurden, sitzen jetzt in stundenlangen, nicht enden wollenden Besprechungen. Dabei erklären sie sich gegenseitig Datensätze und Präsentationen – und im schlimmsten Fall lesen sie sich diese gegenseitig vor.

Zudem entsteht eine Verschärfung der Ineffizienz durch die Abstimmungen mit zahlreichen Teilnehmern. Die daraus resultierenden Entscheidungen basieren auf Inhalten, Planungen und Kennzahlen, die in der heutigen, von hoher Dynamik geprägten Zeit längst nicht mehr aktuell sind. Bei Unterstützung durch intelligente KI-Systeme entstehen ganz neue Möglichkeiten. Anstatt Bildschirmzeit und Synchronisation von Berechnungen können sich Führungskräfte wie Mitarbeiter auf das Wesentliche konzentrieren: den Fokus auf Ergebnisse.

Als Fallbeispiel führe ich hier das angesprochene Unternehmen *Sanofi* an. Paul Hudson ist CEO von *Sanofi*, einem globalen Pharmaunternehmen. In Bezug auf Leadership im Zeitalter der Künstlichen Intelligenz (KI) betont er in seinem Talk *TED * Leadership in the Age of AI | Paul Hudson and Lindsay Levin*, dass Führungskräfte in der heutigen Zeit eine Balance zwischen technologischen Innovationen und den menschlichen Aspekten der Arbeit finden müssen. Hudson berichtet dabei seine Erfahrungen, dass Führung nicht nur auf technologische Kompetenz ausgerichtet sein darf, sondern umso mehr auf die Förderung von Kreativität, Zusammenarbeit und Empathie, besonders in einer zunehmend digitalisierten Welt. Ein zentraler Punkt, den Paul Hudson dabei zusätzlich hervorhebt, ist die Wichtigkeit der kontinuierlichen Weiterbildung und der Förderung von Neugier. Er betont dabei, dass KI viele Prozesse automatisieren und Aufgaben effizienter gestalten kann. Sie hat jedoch nicht die wichtige Fähigkeit, die zwischenmenschliche Intuition und Führung zu ersetzen, die für den Erfolg eines Unternehmens entscheidend sind.

Mit diesem Fallbeispiel liegt ein erweiterter Blickwinkel zum viel diskutierten KI- und Digitalisierungsbereich vor. Wenn wir KI und neue Technologien als Werkzeuge betrachten, entdecken wir, dass diese uns weiterhin und in der Zukunft wertvoll unterstützen werden, nicht aber ersetzen.

2.4. Werte und Unternehmenskultur als Erfolgsfaktor

Führungskräfte sollten daher in Zukunft nicht nur innovative oder technologische Aspekte beachten, sondern umso mehr eine Kultur der kontinuierlichen Anpassung und Lernbereitschaft fördern, um ihre Teams und Unternehmen erfolgreich in die Zukunft zu führen.

Eine klare, geteilte Wertebasis ist dabei entscheidend, um in Zeiten des Wandels zusammenzuhalten. Werte wie Integrität, Respekt und Innovation schaffen ein Arbeitsumfeld, in dem Mitarbeiter sich eingebunden und wertgeschätzt fühlen. Dabei zeigt sich, dass Unternehmen, die eine starke Unternehmenskultur pflegen, laut Gallup-Studien eine um 21 Prozent höhere Produktivität erzielen.

Der Schlüssel liegt eben darin, die Begeisterung in den Teams zu entfachen, damit Transformationen nicht als Bedrohung, sondern als Chance gesehen werden. Dabei spielen die Rolle der Führungskraft sowie die Form der Kommunikation und Zusammenarbeit eine zentrale Funktion.

2.5. Wandel von traditioneller Autorität zur inspirativen Führung

Traditionelle hierarchische Führungsmodelle stoßen in der heutigen, schnelllebigen Wirtschaft an ihre Grenzen. Die Arbeitswelt von heute ist geprägt von einem fundamentalen Wandel: der Übergang von hierarchisch geprägter, autoritärer Führung hin zu einem inspirativen, wertebasierten Führungsstil.

Emotionale Intelligenz - also die Fähigkeit, eigene und fremde Emotionen zu erkennen und zu steuern - gewinnt zunehmend an Bedeutung. Aktuelle Studien zeigen, dass 90 Prozent der Top-Performenden über eine hohe emotionale Intelligenz verfügen.

Führungskräfte müssen heute nicht mehr nur Anweisungen erteilen, sondern als Vorbilder agieren, die durch Empathie und authentische Werte überzeugen.

Die Diskussion über den Zugang und Vergleich zwischen traditionellen geprägten Strukturen (Command Control) und einem Umfeld, das Inspiration und eigenverantwortliches Handeln (Agilität) unterstützt, ist in der heutigen Arbeitswelt komplex und hängt von verschiedenen Faktoren ab. Ein Überblick einiger Argumente stellt die Einordnung der Faktoren zum Vergleich dar:

a. Argumente für Command Control und traditionelle Strukturen

1. **Klarheit und Struktur**
   In Zeiten von Unsicherheit und schnellen Veränderungen können klare Hierarchien und definierte Rollen dazu beitragen, Entscheidungen schneller zu treffen und Verantwortlichkeiten zu klären. Dies kann in Krisensituationen hilfreich sein.

2. **Effizienz**
   Traditionelle Strukturen können dazu führen, dass Prozesse effizienter ablaufen, da Entscheidungen oft schneller getroffen werden, wenn es eine klare Führung gibt. Dies kann besonders in stark regulierten Industrien oder in Unternehmen, die auf strenge Compliance angewiesen sind, ein Vorteil sein.

3. **Stabilität**
   In wirtschaftlich turbulenten Zeiten kann eine zentralisierte Kontrolle von maßgeblichen Entscheidungen dazu beitragen, Stabilität und Konsistenz zu gewährleisten. Unternehmen könnten in der Lage sein, besser auf externe Herausforderungen zu reagieren.

b. Argumente für flexible und agile Strukturen

1. **Flexibilität und Anpassungsfähigkeit**

   Die heutigen Herausforderungen verlangen oft schnelles Handeln und Anpassung. Agile Strukturen ermöglichen es Unternehmen, flexibler auf Veränderungen zu reagieren und Innovationen schneller umzusetzen. In den letzten Jahren hat sich ein deutlicher Trend hin zu agilen Arbeitsmethoden und neuen Arbeitsmodellen in den Bereichen industrienaher Betriebe, Maschinenbau, Anlagenbau und Produktentwicklung abgezeichnet. Diese Entwicklung ist nicht nur eine Reaktion auf die sich schnell ändernden Marktbedingungen, sondern auch ein strategischer Schritt, um die Effizienz und Innovationskraft der Unternehmen zu steigern.

2. **Einfluss auf die Zukunft der Arbeit**

   Die Rolle der Führungskräfte verändert sich hin zu einem Coaching- und unterstützenden Ansatz, anstatt eine autoritäre Kontrolle auszuüben. Im Bereich der Organisation braucht es agile Ansätze, flachere Hierarchien und mehr interdisziplinäre Teams, die schneller auf Veränderungen reagieren können. Personalabteilungen adaptieren seit einigen Jahren ihre Suchprofile und passen sich stetig an, um Talente zu gewinnen, die in agilen Umgebungen arbeiten können, und um eine Kultur zu fördern, die kontinuierliches Lernen und Anpassung unterstützt.

3. **Mitarbeiterengagement**

   Agile, New Work und Future Work Ansätze fördern eine offene, kollaborative Kultur, Kreativität und Eigenverantwortung. Dieser Zugang ist in der heutigen Zeit in vielen Branchen entscheidend für den Erfolg.

4. **Komplexität der modernen Probleme**
   Traditionelle Strukturen können hinderlich sein, wenn es darum geht, verschiedene Perspektiven und Fachkenntnisse zu integrieren, da bestehendes Silodenken, verteilte Strukturen der Verantwortung und komplexe Kommunikationsabläufe einen effizienten Erfahrungsaustausch unterbinden. Die Herausforderungen in zahlreichen Branchen der heutigen Zeit sind oft zu komplex, um von einzelnen Personen oder Teams beantwortet werden zu können. Für eine wertschöpfende Umsetzung erfordert es interdisziplinäre Ansätze und sogenannte cross-funktionale Teams, die sich gemeinsam und zielgerichtet mit den gegebenen Fragestellungen auseinandersetzen.

In Europa geht der Trend klar in Richtung einer stärkeren Integration von Agilität und New Work. Unternehmen setzen zunehmend auf Technologien, die Remote-Arbeiten ermöglichen, und fördern flexible Arbeitszeitmodelle, um den Bedürfnissen der Mitarbeiter und des Unternehmens gerecht zu werden.

Unternehmen setzen dabei vermehrt auf verteilte Arbeitsplätze, die nicht nur lokal im jeweiligen Betrieb, sondern global verteilt sind. Dabei entstehen ungeahnte Möglichkeiten für gewisse Berufsgruppen. War die Verfügbarkeit von Fachkräften noch stark eingeschränkt durch die lokalen Gegebenheiten der Mitarbeitersuche, so steht heute einer schier unendlichen Zahl möglicher Bewerber und Mitarbeiter auf unserer schönen Erde die Tür zur Zusammenarbeit offen.

Diese Entwicklungen sind besonders relevant im Kontext der fortschreitenden Digitalisierung, Generationenwandel und der Notwendigkeit, innovative Lösungen schnell zu entwickeln und umzusetzen. Diese Chance bringt noch einen wesentlichen Punkt für die Rolle der Führungskraft auf. Führungskräfte in der Arbeitswelt der Zukunft müssen die Fähigkeit besitzen, verteilte Teams zu inspirieren und zielführend zu koordinieren, unabhängig von ihrem Standort.

Diese Trends und Statistiken verdeutlichen die Notwendigkeit für Unternehmen, sich an die sich verändernden Arbeitsbedingungen anzupassen und agile Methoden zu integrieren, um weiterhin wettbewerbsfähig zu bleiben.

2.6. One-size-fits-all?

Es gibt kein One-size-fits-all-Modell. In einigen Situationen und Branchen kann ein gewisses Maß an Command Control und traditionellen Strukturen von Vorteil sein, insbesondere wenn es um Krisenmanagement oder klare Entscheidungsfindung geht. Gleichzeitig ist es wichtig, die Vorteile agiler Ansätze und flexibler Strukturen zu erkennen, um Innovation und Mitarbeiterengagement zu fördern. Genau hier liegt für die meisten Führungskräfte das Problem. Es gibt eine Vielzahl von Möglichkeiten, die angewandt werden können. Wenn diese jedoch ohne klaren Fokus und ohne eine perfekt balancierte Kombination umgesetzt werden, erlebt man trotz all dieser Maßnahmen geringste Ergebnisse!

VIELE MÖGLICHKEITEN

+ KEIN FOKUS

= GERINGSTE ERGEBNISSE!

Die Praxis aus der Transformationsbegleitung zeigt es deutlich. Lösungsansätze mit hybriden Modellen (wie dem AGILean[1] Ansatz) haben ihre Stärken und kombinieren die Fähigkeiten und Möglichkeiten beider Welten: klare Führungsstrukturen, wo nötig und genügend Raum für Flexibilität und Eigenverantwortung, um den aktuellen Herausforderungen zu begegnen und die Arbeitswelt der Zukunft zu gestalten.

[1] AGILean – Konzept, das agile Methoden und Prinzipien mit einem stark fokussierten, ganzheitlichen Ansatz kombiniert

Zudem wird mit hybriden Ansätzen eine weitere Chance gleich zum Start genutzt. Es benötigt keinen kompletten Umbruch im Unternehmen von Anfang an, sondern es werden klare Schritte gesetzt, positive Erfahrungen und Handlungsräume geschaffen, wo sie für die Menschen und das Unternehmen am sinnvollsten und effektivsten sind.

Die Antwort als Führungskraft zu: „Wo bei mir?", gestaltet sich sehr oft sehr einfach. Zur Eingrenzung sind diese drei Fragen und Überlegungen hilfreich:

- Wo drückt der Schuh gerade am meisten?
- Wo ist derzeit die höchste Flexibilität gefordert?
- Wo werden kaum wertschöpfende Ergebnisse erzielt?

Führung in der modernen Arbeitswelt erfordert mehr als klassische Management-Skills. Es geht darum, Menschen zu verstehen, zu inspirieren und ihnen die Sicherheit zu geben, sich auf Veränderungen einzulassen. Nur so kann Transformation mit Leichtigkeit gelingen.

a. Checkliste zur Selbstreflexion

Während traditionelle Führungsmodelle oft auf strikten Anweisungen und Kontrolle basieren, ermöglicht eine Führung mit Leichtigkeit einen partizipativen Entscheidungsprozess, der die Mitarbeiter in den Mittelpunkt stellt und zu höherer Identifikation mit den Unternehmenszielen führt.

Zur Selbstreflexion der Form deiner Führung sind hier einige Fragen aufgeführt:

1. Fördere ich aktiv einen offenen Dialog mit meinen Mitarbeitern?

2. Höre ich aufmerksam zu und nehme die Bedürfnisse meines Teams wahr?

3. Organisiere ich regelmäßig Feedbackgespräche und Teambuilding-Aktivitäten?

4. Zeige ich meinen Mitarbeitern regelmäßig Anerkennung und Wertschätzung?

5. Integriere ich empathische Führungsansätze in meine tägliche Arbeit?

2.7. Trends und Hypes

Neben diesem bunten Blumenstrauß und Vielseitigkeit, die jeder für sich im eigenen Handlungsrahmen zu einem gewissen Teil beeinflussen kann, gibt es aktuelle Trends, die unsere gesamte Wirtschaft und Arbeitswelt nachhaltig beeinflussen und eine Möglichkeit bieten, den Herausforderungen der Zukunft gerecht zu werden. Einige dieser Konzepte sind bereits länger bekannt, andere werden in den nächsten Jahren prägend sein und damit unsere Arbeitswelt, Form der Führung und Zusammenarbeit zentral beeinflussen.

Für dich als Führungskraft ist es essenziell, diese Trends zu kennen. Diese sind nicht nur theoretischer Natur, sondern haben direkte Auswirkungen auf die Art und Weise, wie Unternehmen operieren, wie Führungskräfte agieren und wie Mitarbeiter ihre Rollen wahrnehmen.

Die Top-Trends unserer Zeit

a. TUNA

Dieses Akronym beschreibt nicht einen Fisch, sondern steht für Turbulenz, Unordnung, neue Normalität und Ambiguität. Es beschreibt eine Welt, in der Organisationen ständig mit Veränderungen und Unvorhersehbarkeiten konfrontiert sind und sich anpassen müssen, um erfolgreich zu sein.

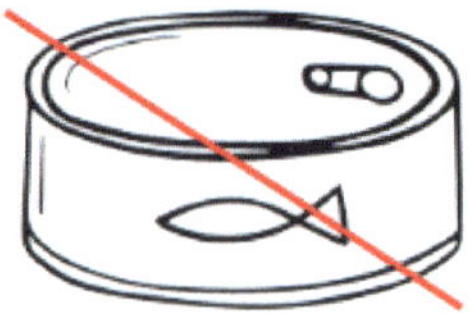

b. AGIL

Dieses Konzept betont die Notwendigkeit von Agilität in Organisationen. Agilität bedeutet, schnell und flexibel auf Veränderungen reagieren zu können, die Zusammenarbeit zu fördern und innovative Lösungen zu entwickeln.

c. Mental Health und Wohlbefinden am Arbeitsplatz

Das Bewusstsein für psychische Gesundheit und das Wohlbefinden von Mitarbeitern wächst. Strategien zur Förderung des Wohlbefindens und zur Unterstützung der Mitarbeiter in stressreichen Zeiten werden - geprägt durch die hohe Volatilität, Digitalisierung und die immense Steigerung der Erreichbarkeit und Informationsverfügbarkeit - weiterhin ein bedeutendes Thema sein.

Der Fokus wird zunehmend auf die Fähigkeit von Organisationen und Individuen gelegt, sich von Rückschlägen zu erholen und an neue Gegebenheiten anzupassen. Resiliente Organisationen können Herausforderungen besser meistern und ihre Ziele auch in schwierigen Zeiten erreichen.

Als Führungskraft kannst du mit einfachen Schritten für und mit deinem Team einen Rahmen gestalten, der solch einen Ansatz fördert und damit ein unterstützendes Arbeitsumfeld bietet. Dabei entstehen Kommunikationsräume zur Reflexion und zum Austausch, wo sich Mitarbeiter wohlfühlen und offen über ihre Herausforderungen zu sprechen beginnen. Diese Form der Kommunikation dient nicht nur zur Unterstützung der mentalen Gesundheit und trägt zur individuellen Produktivität bei, sondern ebenfalls zur Teamdynamik und -kultur. In Summe eine Win-Win-Win-Situation: Deine Mitarbeiter erfahren ein wertschöpfendes Umfeld und sinngebende Tätigkeit. Du erlebst Führung mit Leichtigkeit durch offene Kommunikation und gemeinsame Reflexion. Diese Inhalte sind die wesentliche Basis, die sich positiv auf die Effizienz und konsequente Erreichung von Ergebnissen auswirkt.

In einem wettbewerbsintensiven Arbeitsmarkt ist es entscheidend, Talente zu gewinnen und zu halten. Unternehmen sollten in die Weiterbildung und Entwicklung ihrer Mitarbeiter investieren, um deren Fähigkeiten an die sich verändernden Anforderungen anzupassen. Zudem spielt die Förderung einer positiven Unternehmenskultur, die Diversität und Inklusion betont, eine wichtige Rolle für die Mitarbeiterbindung.

d. Kollaboration und Co-Creation

Die Zusammenarbeit über Abteilungs- und Unternehmensgrenzen hinweg wird immer wichtiger. Co-Creation betont das gemeinsame Schaffen von Lösungen mit verschiedenen Stakeholdern, einschließlich Mitarbeitern, Kunden und Partnern. Um einen funktionierenden Co-Creation-Rahmen zu gestalten, benötigt es für eine erfolgreiche Zusammenarbeit Remote Work- und hybride Arbeitsmodelle. Als Führungskraft bist du dabei gefordert, eine gute Balance zwischen gelungener, effizienter Kommunikation und höchster Produktivität sicherzustellen. Gerade durch die interkulturelle Zusammenarbeit erfordert es Führungskräfte und Teams, um hier die Teamkommunikation und -kultur gut aufrechtzuerhalten.

Ein weiterer Aspekt gilt in der Co-Creation über Unternehmen hinweg, dass diese Unternehmen in anderen Arbeits- und Work-Settings arbeiten. In der heutigen Zeit wird wieder verstärkt der Zugang zu 24/7 angedacht. Andere Unternehmen haben jedoch bereits sehr erfolgreich andere Arbeitszeit- und Work-Life-Modelle verwirklicht. Die erfolgreiche Kombination und Verbindung dieser Arbeitsbedingungen stellen viele Teams am Start ihres Weges vor Herausforderungen. Mit einem menschenzentrierten Ansatz, der volle Transparenz und effektive Kommunikation sowie Zusammenarbeit fördert, sind Erfolge unabhängig vom Stand- und Arbeitsort. Durch die gegenseitige Vereinbarung von klaren Richtlinien und Leitplanken, die auf die Bedürfnisse der Mitarbeiter abgestimmt sind, kann die Produktivität gesteigert und umso mehr die Work-Life-Balance verbessert werden. Dies führt zu einer höheren Mitarbeitermotivation und -zufriedenheit.

e. Diversity, Equity and Inclusion (DEI)

DEI sind entscheidende Faktoren für eine inspirierende Unternehmenskultur. Eine vielfältige Belegschaft bringt unterschiedliche Perspektiven, Erfahrungen und Ideen mit sich, die Innovation und Kreativität fördern.

Die Erfahrung zeigt, dass Unternehmen mit einer hohen Diversität in ihren Teams eine bessere Problemlösungsfähigkeit aufweisen und wirtschaftlich erfolgreicher sind. Diversität und Inklusion sind dabei nicht einzig ethische Imperative, sondern auch geschäftliche Notwendigkeiten. Unternehmen, die Vielfalt fördern, sind nachweislich innovativer und erzielen bessere Ergebnisse. Als Führungskraft kannst du aktiv Maßnahmen setzen, um eine inklusive Kultur zu schaffen, in der sich alle Mitarbeiter respektiert und wertgeschätzt fühlen. Dazu gehören die Implementierung von Schulungsprogrammen, die sich mit Vorurteilen und Inklusion befassen, sowie die Förderung von Netzwerken und Mentoring-Programmen für unterrepräsentierte Gruppen. Indem du DEI als strategisches Ziel und Chance betrachtest, kannst du als Führungskraft sicherstellen, dass Vielfalt mehr als nur ein Schlagwort ist, sondern aktiv in die Unternehmensstrategie integriert und tagtäglich in deinem Team gelebt wird.

f. Nachhaltigkeit und grüne Technologien

Unternehmen sollten sich auf ökologische und soziale Verantwortung konzentrieren, um umweltfreundliche Produkte zu entwickeln und transparente Lieferketten zu schaffen. Dies kann nicht nur das Unternehmensimage verbessern, sondern spart Kosten ein und ermöglicht es, neue Geschäftsmöglichkeiten zu erschließen. Der Fokus auf nachhaltige Geschäftspraktiken und grüne Technologien wird weiter zunehmen. Themen wie nachhaltige Transformation, Kreislaufwirtschaft und Unternehmensverantwortung werden in Zukunft besonders relevant werden.

Dabei sind die hohen Kosten nicht zu unterschätzen. In zahlreichen Unternehmen ist das Thema „Nachhaltigkeit" noch nicht vollständig durchgedrungen, was zu fehlender Unterstützung des Managements führen kann. Gerade im Bereich der Nachhaltigkeit benötigt es eine klare Unterstützung und das Engagement von Führungskräften, damit diese die tatsächlichen Vorteile nachhaltiger Initiativen in vollem Umfang aufnehmen und ihren Teams vermitteln können. Dabei muss ein Ansatz berücksichtigt werden, der in der Kommunikation und im alltäglichen Tun die Werte und Überzeugungen der Mitarbeiter vermittelt und verstärkt. Durch die Einbindung der Teams in nachhaltige Initiativen und Entscheidungsprozesse entsteht ein Gefühl der Verantwortung und des Engagements. Dies führt zur Förderung einer Unternehmenskultur, die Nachhaltigkeit schätzt und unterstützt.

g. Fokussierung auf den Menschen – New Work

Die Bedeutung von emotionaler Intelligenz, Empathie und menschlichen Beziehungen in der Führung wird verstärkt in den Vordergrund rücken – insbesondere in einer Zeit, in der das Wohlbefinden der Mitarbeiter und die Unternehmenskultur entscheidend für den Erfolg sind. Der Fokus der Tätigkeiten liegt dabei in diesen Dingen, welche die handelnden Personen wirklich wirklich wollen. New Work fördert das Bewusstsein für sinnhaftes Arbeiten und Tätigkeiten, die einerseits den Menschen begeistern und andererseits das gesamte Ergebnis und das gemeinsame Handeln unterstützen.

h. Künstliche Intelligenz und Automatisierung

Seit dem Jahr 2024 hat Künstliche Intelligenz eine zentrale Rolle in vielen Branchen übernommen. Unternehmen nutzen KI nicht nur zur Automatisierung einfacher Aufgaben. Diese Technologie unterstützt zudem eine schnelle Analyse von umfassender Datensätze, um fundierte Entscheidungen treffen zu können.

Dabei geht es sowohl um die Effizienzsteigerung und Kostensenkung als auch um die Erweiterung von Fähigkeiten der Mitarbeiter. KI wird zunehmend als Werkzeug genutzt, um den Menschen zu unterstützen, nicht zu ersetzen. Sie übernimmt stark wiederholbare und komplexe Aufgaben, sodass sich Führungskräfte wie Mitarbeiter auf strategischere, kreativere und zwischenmenschlichere Tätigkeiten konzentrieren können, die mehr menschliche Intuition und Empathie erfordern. Der Mensch bleibt der zentrale Entscheidungsträger, der die ethischen und kreativen Aspekte in den Arbeitsprozess einbringt, während KI bei der Analyse und Verarbeitung großer Datenmengen hilft. Der Mensch wird somit zum Interaktionspunkt zwischen Technologie und komplexen, oft unstrukturierten Aufgaben, die weiterhin menschliche Fähigkeiten erfordern.

Durch die zunehmende Automatisierung mittels KI stellen sich neue Herausforderungen an die Arbeitswelt, da neue Qualifikationen notwendig werden, um mit den fortschreitenden Technologien Schritt zu halten.

i. Digitale Transformation und Resilienz

Die digitale Transformation ist nicht mehr nur ein Schlagwort, sondern eine Notwendigkeit für das Überleben von Unternehmen. Die COVID-19-Pandemie hat die Notwendigkeit beschleunigt, digitale Lösungen zu implementieren. Unternehmen, die agile Arbeitsmethoden und digitale Tools integriert haben, können schneller auf Veränderungen reagieren.

Unternehmen müssen ihre Geschäftsprozesse digitalisieren und Technologien integrieren, um effizienter zu arbeiten und wettbewerbsfähig zu bleiben. Dies umfasst die Implementierung von Cloud-Lösungen, KI, Datenanalyse und Automatisierung. Eine starke digitale Infrastruktur ermöglicht es Unternehmen, agiler zu reagieren und innovative Produkte sowie Dienstleistungen anzubieten.

Die Fähigkeit von Unternehmen, sich schnell an Veränderungen anzupassen und digitale Technologien effektiv zu nutzen, wird in Zukunft eine zentrale Entscheidung über Erfolg oder Verlust bedeuten.

Ein bemerkenswerter Trend ist die verstärkte Bedeutung von Change Readiness. Unternehmen müssen ihre Mitarbeiter nicht nur in neuen Technologien schulen, sondern umso mehr eine Kultur schaffen, die diese Veränderungen begrüßt. Dies bedeutet, dass du als Führungskraft eine offene Kommunikation pflegen und Feedback aktiv einholen musst.

Resilienz im Team – Storytelling Sample

In einem kleinen Start-up in Wien haben die Mitarbeiter gerade die Nachricht erhalten, dass ein wichtiger Vertrag geplatzt ist. Die Stimmung ist gedrückt. Die Unsicherheit über die Zukunft des Unternehmens schwebt wie ein Schatten über dem Team. Der CEO, Markus, weiß, dass er jetzt gefordert ist. Er erinnert sich an eine Zeit, als er selbst mit Rückschlägen konfrontiert war, und beschloss, die Resilienz seines Teams zu stärken.

*** Resilienz ***

Resilienz beschreibt die Fähigkeit, sich von Rückschlägen zu erholen und gestärkt daraus hervorzugehen. In der Arbeitswelt wird Resilienz immer wichtiger, da Unternehmen häufig mit Veränderungen, Unsicherheiten und Herausforderungen konfrontiert sind. Psychologische Studien zeigen, dass resiliente Teams nicht nur besser mit Stress umgehen, sondern auch kreativer und produktiver sind.

******

Markus führt regelmäßige Resilienz-Workshops ein, in denen Techniken zur Stressbewältigung und Problemlösung vermittelt werden. Diese Workshops beinhalten Methoden wie Achtsamkeitstrainings und das Erlernen von positiven Denkstrategien.

Zusätzlich initiiert er ein Mentoring-Programm, in dem erfahrene Mitarbeiter weniger erfahrene Kollegen unterstützen. Dies fördert nicht nur den Wissensaustausch, sondern stärkt auch das Gefühl der Gemeinschaft und Solidarität im Team. Nach einigen Monaten bemerkt Markus, dass die Mitarbeiter proaktiver mit Herausforderungen umgehen und sich gegenseitig unterstützen, was zu einer insgesamt positiveren Arbeitsatmosphäre führt.

Ein ganzheitlicher menschenzentrierter Ansatz ermutigt zur Akzeptanz von Veränderungen und zur Entwicklung digitaler Fähigkeiten. Indem Mitarbeiter in den Transformationsprozess einbezogen werden, fühlen sie sich wertgeschätzt und sind motivierter, sich aktiv an der digitalen Transformation zu beteiligen. Dies erhöht die Resilienz und die Fähigkeit des Unternehmens ebenso wie die Fähigkeiten der Menschen und Teams selbst, sich an Veränderungen anzupassen.

Als Führungskraft kannst du die Förderung einer offenen Kultur, die Veränderungen begrüßt und Maßnahmen dafür aktiv unterstützen. Mit deinem Team könnt ihr die Durchführung von Impulsen, Schulungen und Workshops zur Verbesserung digitaler Fähigkeiten anregen und Diskussionen über die Schritte zur erfolgreichen Umsetzung digitaler Transformationsstrategien führen. Du wirst überrascht sein, wie viel Know-how in deinem Team schlummert.

j. Blockchain-Technologien

Die Anwendung von Blockchain-Technologien über Kryptowährungen hinaus, insbesondere in Bereichen wie Lieferketten und Identitätsmanagement, wird in Zukunft ein markantes und wachsendes Thema werden. Dabei liegt in vielen Unternehmen noch eine hohe Unkenntnis vor und Sicherheitsbedenken werden noch gar nicht besprochen und abgestimmt. Bei zukünftigen Kooperationen werden wir vermehrt die Integration von Blockchain- und Kryptowährungen in unsere Geschäftsprozesse erleben. Durch die Aufklärung und das Vertrauen in neue Technologien können deine Team-Mitglieder die Vorteile der Blockchain verstehen und lernen, wie sie diese Technologien sicher nutzen können. Dies stärkt das Vertrauen und fördert eine innovative Unternehmenskultur.

Diesen Trends stehen die aktuellen Painpoints in unserem wirtschaftlichen Umfeld gegenüber:

- **Innovationsdruck:** Ohne kontinuierliche Neuerungen verlieren Unternehmen ihre Wettbewerbsfähigkeit.
- **Fluktuation und Talentverlust:** Unzureichende Mitarbeiterbindung führt zu einem stetigen Verlust wertvoller Fachkräfte.
- **Kostendruck und regulatorische Anforderungen:** Strenge Vorgaben und ein hart umkämpfter Markt erhöhen die Anforderungen an effiziente Prozesse.

Dieses Bild der Trends und Painpoints zeigt in aller Deutlichkeit, dass wir längst mitten in einem Paradigmenwechsel angelangt sind. Standen vormals noch einzelne Technologie- und wirtschaftliche Skills im Mittelpunkt der Führungsrolle, werden heute die Weichen gestellt für den Fokus der Zusammenarbeit, Kommunikation sowie gegenseitiger Achtsamkeit und Wahrnehmung.

In deiner Rolle als Führungskraft hast du die Zügel in der Hand, um eure Transformation gelungen und erfolgreich umzusetzen.

Hypes wie VUCA (Volatil, Unsicher, Komplex, Ambiguität), TUNA und AGIL werden in Zukunft unser Handeln in zahlreichen Branchen dominieren. Potenzielle Megatrends wie KI und Digitalisierung werden in den nächsten drei bis fünf Jahren unsere Arbeitswelt der Zukunft enorm beeinflussen.

Es ist an der Zeit, diese Chance zu nutzen und jetzt klare Schritte als Führungskraft für dein Team und dein Unternehmen zu setzen.

2.8. Der „Nokia-Effekt" – wenn Trends nicht erkannt werden

Die Fähigkeit, sich anzupassen und flexibel auf diese Trends und Veränderungen zu reagieren, ist entscheidend für den Erfolg von Führungskräften und Organisationen. Unternehmen, die sich nicht oder nur schwer anpassen können, werden in der Arbeitswelt der Zukunft kaum einen Platz finden. Was es bedeutet, Trends auszusitzen und nicht selbst aktiv zu werden, hat uns die Geschichte von Nokia lebhaft gezeigt.

Fehlende Anpassungsfähigkeit kann zu einem, wie ich es nenne, „**Nokia-Effekt**" führen, bei dem Unternehmen den Anschluss verlieren - ein Verlust an Talenten, Innovationskraft und letztlich an Marktanteilen und Reputation.

Werden Trends nicht erkannt und das entsprechende Umfeld zeitnah gestaltet, dann ist die Beeinflussung massiv, unabhängig von der Größe des Unternehmens.

Anbei sind einige Beispiele dazu aus der jüngsten Vergangenheit aufgeführt, bei denen Trends nicht erkannt worden sind oder das Handeln des Unternehmens und der Führungskräfte sich im aktuellen Ausblick widersprochen hatte.

Case 1: Nokia

„The Real Cause of Nokia's Crisis"

> *Nokia's technology isn't a root cause of its current crisis. Don't blame its engineers and designers either. The company still knows how to innovate. There's a simpler and more strategic explanation for why this once-perennial market leader became second-rate.*
>
> *Die Technologie von Nokia ist nicht die Hauptursache für seine derzeitige Krise. Man sollte auch nicht die Ingenieure und Designer des Unternehmens verantwortlich machen. Das Unternehmen weiß immer noch, wie man Innovationen hervorbringt. Es gibt eine einfachere und strategischere Erklärung dafür, warum dieser einst stetige Marktführer zweitklassig wurde.*
>
> [Michael Schrage, amerikanischer Autor, Berater, Forscher für Innovation, 15.02.2011]

Nokia war einst der dominierende Hersteller von Mobiltelefonen, bevor es in den 2010er-Jahren eine drastische Marktveränderung erlebte. Ein Grund für den Rückgang war die Unfähigkeit des Unternehmens, effektiv zu kommunizieren und zu koordinieren, insbesondere zwischen den verschiedenen Produktteams.

Die langsame Entscheidungsfindung und ineffiziente Abstimmungen führten dazu, dass Nokia nicht in der Lage war, schnell auf die Konkurrenz durch Apple und Samsung zu reagieren. Dies hatte erhebliche Auswirkungen auf den Umsatz und den Marktanteil des Unternehmens.

Case 2: Deutsche Bank

„Deutsche Bank went on hiring spree while failing to deliver on costs"

> *Die Deutsche Bank stellte während einer Zeit finanzieller Unsicherheit Tausende neue Mitarbeiter ein, anstatt ihre Kosten zu reduzieren. Dies führte zu einer steigenden Mitarbeiterzahl, während die Bank gleichzeitig Schwierigkeiten hatte, profitabel zu werden. Die Unfähigkeit, die Belegschaft mit den Zielen zur Kostensenkung in Einklang zu bringen, hat bei den Führungskräften und Investoren Besorgnis ausgelöst. [Financial Times, 17.02.2025]*

Der Hintergrund dabei macht nachdenklich und ist ebenso besorgniserregend. Das Unternehmen hatte in den letzten Jahren mit internen Kommunikationsproblemen und einer ineffizienten Abstimmung zu kämpfen.

In einer Vielzahl von Berichten wurde dabei festgestellt, dass übermäßige Bürokratie und langwierige Entscheidungsprozesse die Reaktionsfähigkeit des Unternehmens beeinträchtigt haben. Die Auswirkungen waren entsprechend hart.

Diese ineffizienten Prozesse führten zu verpassten Geschäftsmöglichkeiten und trugen zur finanziellen Instabilität des Unternehmens bei. Die Bank musste in den letzten Jahren mehrere Milliarden Euro an Verlusten hinnehmen, was teilweise auf die Unfähigkeit zurückzuführen ist, schnell und effektiv auf Marktveränderungen zu reagieren. Nach Analyse der finanziellen Lage ist die Bank von einem dramatischen Rückgang der Gewinne betroffen. Das Unternehmen steht jetzt unter Druck, ihre internen Strukturen zu überdenken, um die Effizienz zu steigern und neue Geschäftsmöglichkeiten zu nutzen.

4.8.2 Case 3: Volkswagen

„Glaubwürdigkeitsverlust der Automobilindustrie – Volkswagen Abgasskandal“

> *„Zum Glaubwürdigkeits- bzw. Vertrauensverlust der Branche trug weiter bei, dass nach Aufdeckung des Betrugs bei Volkswagen nicht eine zügige offene und transparente Aufklärung und Kommunikation in der Branche durch die Hersteller stattfand.“ [[2]CAM , Prof. Dr. Stefan Bratzel, 05.09.2018]*

Die Komplikationen, ausgehend aus diesem sicherlich vielen bekannten Fall, sind laut mehreren Berichten auf ein Versagen in der internen Kommunikation und Entscheidungsfindung zurückzuführen. Die mangelhafte Kommunikation zwischen den verschiedenen Abteilungen und Führungsebenen trug zur Entstehung des Skandals bei.

In unterschiedlichen Berichten wurde dieser Fall weiter betrachtet und ein Versuch der Erklärung damit aufgebaut.

Die Rolle ineffizienter interner Kommunikationsstrukturen und Entscheidungsprozessen, die zum massiven Vertrauensverlust bei den Kunden beitrugen, steht bei diesen Analysen im Zentrum. Diese unzureichende Kommunikation resultierte zu Fehlentscheidungen, die letztendlich zu einem massiven Vertrauensverlust bei den Kunden und erheblichen finanziellen Einbußen für das Unternehmen führten.

„In einer komplexen Welt ist Vereinfachung oft der wahre Luxus.“

[John Maeda, The Laws of Simplicity, Designer, Informatiker, Künstler, MIT-Professor]

---

[2] CAM, 05.09.2018 cam_gutachten_vertrauenskrise_im_automobilmarkt_v1.1.pdf

Diese Beispiele verdeutlichen, dass sich Zugänge wie „je mehr Meetings, desto besser die Kommunikation" nicht als zielführend herausstellen.

Diese Situation war schon in der Vergangenheit ein Faktor und wird gerade durch die Arbeitswelt der Zukunft noch einmal um das X-Fache verstärkt.

Ineffiziente Kommunikation und sinnlose Abstimmungen können erhebliche negative Auswirkungen auf Unternehmen haben. Die genannten Unternehmen litten unter finanziellen Einbußen, verloren Marktanteile und erlitten Reputationsschäden, die sich aus internen Kommunikationsproblemen, Intransparenz und Fehlentscheidungen ergaben.

2.9. Painpoints in Chancen verwandeln

Die beschriebenen Painpoints verdeutlichen, warum ein **WakeUP!** in unserer Arbeitswelt notwendig ist. Für diesen Wandel ist ein ganzheitlicher menschenzentrierter Ansatz entscheidend, um Effizienz, Profitabilität und Teambegeisterung für die Zukunft sicherzustellen. Effiziente Kommunikation, volle Transparenz und klare, nachvollziehbare Entscheidungsprozesse sind entscheidend für den Erfolg in der heutigen Geschäftswelt.

Die Realität zeigt uns, dass klare Schritte auf dem Weg zur Transformation in die Arbeitswelt der Zukunft benötigt werden. Ansonsten bestehen enorme Risiken, dass dieses Vorhaben nicht allein und durch einzelne Tryouts nicht gelingt.

Laut verschiedensten Studien[3] **scheitern bis zu 70 Prozent der Transformationsprojekte**, wenn sie nicht fundiert begleitet werden.

Die Resultate des Scheiterns und Auswirkungen davon sind enorm:

» Verschwendetes Budget
» Keine Planbarkeit
» Hoher Kostendruck und ineffiziente Prozesse
» Kein nachhaltiges Fundament für Wachstum
» Verlust von Talenten und Innovationskraft
» Marktanteilsverluste und sinkende Reputation

[3] *u.a. „Why Transformation Efforts Fail, McKinsey, 2025“

a. Lessons learned fehlgeschlagener Transformationen

Langzeitstudien zeigen, dass Transformationen oft scheitern, wenn sie ohne konsequente Begleitung durchgeführt werden. Maßgeblich werden Transformationen selten nachhaltig und erfolgreich verankert, wenn eine klare Vision dazu fehlt. Der erste Schritt des Wandels liegt bei dir als Führungskraft. Warum wird dieser Wandel benötigt und welche Vorteile erwartest du dir daraus? Zentrale Fragen, die sich jeder noch vor den ersten eigentlichen Schritten in der Umsetzung stellt. Wenn diese Vision, dieses Wozu, klar ist, gehen Menschen ihre Schritte gemeinsam weiter, wenn es zu Herausforderungen auf dem Weg in die Arbeitswelt der Zukunft kommt. Die Konsequenzen scheiternder Transformationen sind gravierend. Nicht nur, dass Mitarbeiter verunsichert sind und Budget verschwendet wurde. Eine Transformation muss bereits nach wenigen Wochen der Umsetzung eine Steigerung der Effizienz erlebbar machen und Ergebnisse zeigen. Ansonsten kann die Auswirkung des Scheiterns enorm sein. Bei fehlgeschlagenen Transformationen steht nicht nur der mögliche Verlust von Talenten im Raum, sondern umso mehr ein Rückgang der Unternehmensreputation. Für die Zukunft sind gescheiterte Transformationen wie ein Trauma. Sie speichern sich in der Organisation und brennen sich in die Köpfe der handelnden Personen nachhaltig ab.

Damit sind nicht nur aktuell gescheiterte Transformationen im Waste gelandet, sondern erschweren zudem nachfolgende Ansätze neuer Transformationen. Gescheiterte Transformationen prägen Glaubenssätze wie „Das haben wir schon mal versucht, das geht bei uns nicht" oder „wieder mal ein Change-Projekt". Es entsteht ein nachhaltiger Faktor der Ineffizienz, den es beim Start von gelungenen Transformationen aufzuarbeiten gilt, ansonsten sind die Auswirkungen massiv. Diese Punkte stellen sich in einer Vielzahl von Ausprägungen für das Unternehmen und die Mitarbeiter dar:

- **Kosten der Ineffizienz**: Unternehmen, die ineffektive Veränderungen durchführen, geben bis zu 50 Prozent mehr aus für ihre Transformationsprojekte als geplant. Dies kann sich auf mehrere Millionen US-Dollar belaufen, abhängig von der Größe des Unternehmens.

- **Produktivitätsverlust**: Unternehmen, die keinen strukturierten Ansatz für Transformationen verfolgen, erleben einen signifikanten Produktivitätsverlust während der Transformation. Dies kann zu einem Rückgang der Mitarbeiterproduktivität um bis zu 20 Prozent führen.

- **Mitarbeiterfluktuation**: Unternehmen, die keine klare Vision, Schritte und Plan für ihre Transformation transparent kommunizieren können, erleben eine höhere Mitarbeiterfluktuation. Die Kosten für die Einstellung und Einarbeitung neuer Mitarbeiter können dabei bis zum 1,5-fachen Gehalt des ausgeschiedenen Mitarbeiters betragen.

- **Zeitverlust**: Wird eine Transformation einfach mal so umgesetzt, führt es häufig zu Verwirrung und Ineffizienz. Ein gelungener Wandel benötigt mehr als einseitige Kommunikation und Roll-out von Tools und Methodik. Wenn Umsetzungen mit einem unsicheren Fahrplan gestartet werden, benötigen sie im Schnitt mehrere Monate länger als erwartet für die Umsetzung, um die Anpassung zu erreichen. Das bindet Menschen, Zeit und Geld.

- **Verlorene Umsatzchancen**: Werden Transformationen ohne klaren Rahmen und Schutz- und Leitplanken durchgeführt, können Unternehmen eine potenzielle Umsatzchance von bis zu 20 Prozent verlieren, da die Mitarbeiter nicht in der Lage sind, sich an neue Prozesse und neue Trends anzupassen.

Eine Transformation gelungen umzusetzen ist eine Herausforderung. Doch glaube mir: Du wirst diese Herausforderung meistern!

3. Der strategische Nutzen der Transformation

3.1. Transformation als Chance

Transformation ist nicht nur eine Herausforderung, sondern umso mehr eine enorme Chance. Unternehmen, die sich erfolgreich transformieren, profitieren von zahlreichen strategischen Vorteilen:

- Schnellere Markteinführung neuer Produkte
- Höhere Effizienz durch optimierte Prozesse
- Bessere Nutzung von Technologien wie KI und Automatisierung
- Motiviertere Teams durch klare Strukturen und Visionen

Beispiele für gelungene Transformationen sind dabei zahlreich in mittelständischen Unternehmen im DACH-Raum bekannt (z. B.: Gustav Hensel GmbH, LiSEC GmbH), die durch gezielte Transformation ihre Wettbewerbsfähigkeit steigern. Sie haben es innerhalb eines Zeitraums von weniger als 24 Wochen geschafft, ihre Projektstrukturen zu optimieren und eine nachhaltige Transformation durchzuführen. Doch was macht eine erfolgreiche Transformation aus?

Es geht dabei nicht nur um technische Neuerungen oder neue Prozesse – es geht vor allem darum, die Menschen im Unternehmen mitzunehmen. Nur wenn Teams und Führungskräfte hinter der Veränderung stehen, kann Transformation nachhaltig erfolgreich sein.

In der Zukunft der Arbeitswelt spielen moderne Technologien eine wichtige und zentrale Rolle. KI-gestützte Systeme und sogenannte KI-Agents können dabei helfen, Prozesse effizienter zu gestalten und Führungskräfte von Routineaufgaben zu entlasten. Doch die wichtigste Frage bleibt: Wie setzen Unternehmen diese Technologien sinnvoll ein? Die Antwort liegt in einer klaren Strategie und einem durchdachten Management-Ansatz.

3.2. Erfolgreiche Transformationen im globalen Kontext

Im chinesischen Raum haben Unternehmen wie Alibaba und Huawei durch den konsequenten Einsatz moderner Technologien und agiler Methoden beeindruckende Erfolge erzielt. Alibaba integrierte KI-gestützte Analysen in seine Logistik- und Zahlungsprozesse, was zu einer signifikanten Verbesserung der Kundenerfahrung führte. Diese Beispiele verdeutlichen, dass eine klare Vision, moderne Technologien und eine starke Unternehmenskultur zentrale Erfolgsfaktoren sind.

Transformation bietet einen tiefgreifenden strategischen Nutzen, der weit über kurzfristige Erfolge hinausgeht. Welche wirtschaftlichen Folgen solch eine gelungene Transformation haben kann, zeigen eindrucksvoll namhafte Beispiele aus der Industrie wie am Beispiel Microsoft. Das Unternehmen setzt dabei auf einen gelungenen Mix, bestehend aus Agilität, Anpassungsfähigkeit und Selbstbefähigung.

Microsoft hat sich unter der Führung von Satya Nadella von einem reinen Softwareanbieter zu einem führenden Anbieter von Cloud-Diensten und KI-Lösungen gewandelt. Durch diese Transformation erzielte Microsoft beispielsweise ein Cloud-Umsatzwachstum von 17 Prozent (Statistiken 2021). Dies unterstreicht, wie wichtig eine klare Vision und die Bereitschaft zur kontinuierlichen Anpassung sind.

GAME CHANGER

Im Mittelpunkt dieser Transformationen stehen die Menschen, die Form der Führung und die Zusammenarbeit. Branchenstatistiken von Gallup und McKinsey belegen, dass Unternehmen mit hoch engagierten Mitarbeitern deutlich erfolgreicher sind.

Beispielsweise erzielen Firmen mit einem starken Engagement eine um 21 Prozent höhere Produktivität und eine um 22 Prozent höhere Rentabilität.

Eine gelungene Transformation bedeutet dabei mehr, als nur Tools auszurollen und Prozesscharts zu erstellen. Erfolgreiche Transformationen zeigen im Kern, dass alle Ebenen adressiert werden: Menschen, Prinzipien der Zusammenarbeit, Tools und Methodik.

3.3. Die Kraft der Selbstbefähigung

Transformation gelingt, wenn Mitarbeiter in die Lage versetzt werden, Verantwortung zu übernehmen und aktiv an Veränderungsprozessen teilzunehmen. Eine Kultur der Selbstbefähigung wird unterstützt durch:

- **Stärkung der Kommunikation:** Offene Dialoge und regelmäßiges Feedback fördern das Vertrauen.
- **Schaffung von Raum für den Austausch:** Feedbackrunden und interdisziplinäre Teams helfen, Herausforderungen frühzeitig zu erkennen.
- **Realitätsnahe Einschätzungen:** Eine ehrliche Analyse der aktuellen Situation ermöglicht es, passgenaue Lösungen zu entwickeln.

Der strategische Nutzen einer erfolgreichen Transformation liegt in der Kombination von Agilität, Anpassungsfähigkeit und Selbstbefähigung. Unternehmen, die diese Dimensionen in ihre Strategien erfolgreich integrieren, steigern nicht nur ihre Effizienz und Wettbewerbsfähigkeit, sondern gestalten im Zuge dieser Transformation eine Unternehmenskultur, die langfristig Bestand hat. Ein strukturierter Ansatz ist entscheidend, um die Kosten zu optimieren und die gewünschten Ergebnisse zu erzielen. Die drei Prinzipien der Transformation - PEOPLE fit, PROJECT fit, STRATEGY fit sind dabei der Schlüssel zum Erfolg.

3.4. Was ist möglich, wenn es funktioniert!

In China und Europa gibt es mehrere bemerkenswerte Beispiele für Unternehmen, die durch schlanke und effiziente Kommunikation sowie Organisation signifikante Erfolge erzielt haben. Hier sind einige positive Beispiele und die Faktoren, die zu ihrem Erfolg beigetragen haben:

a. Case 1: Alibaba

Alibaba ist ein chinesisches multinationales Unternehmen, das 1999 gegründet wurde. Es hat sich zu einem der größten und bekanntesten E-Commerce-Unternehmen der Welt entwickelt. Alibaba betreibt eine Vielzahl von Online-Plattformen, darunter Alibaba.com (ein Marktplatz für B2B-Geschäfte), Taobao (ein populärer C2C-Marktplatz) und Tmall (eine Plattform für B2C-Geschäfte).

Das Unternehmen ist nicht nur im E-Commerce tätig, sondern auch in Bereichen wie Cloud Computing, digitale Zahlungen, Logistik und künstliche Intelligenz. Alibaba gilt als eines der größten Unternehmen im Bereich der digitalen Wirtschaft. Es spielt eine zentrale Rolle im chinesischen und globalen Online-Handel und hat einen erheblichen Einfluss auf verschiedene Branchen weltweit.

Faktoren des Erfolgs:

a. **Effiziente Kommunikation**: Alibaba hat eine transparente Kommunikationskultur, die den Austausch von Informationen fördert. Das Unternehmen nutzt digitale Tools, um die Zusammenarbeit zu erleichtern und Entscheidungsprozesse zu beschleunigen.

b. **Agile Organisation**: Die agile Struktur von Alibaba ermöglicht es Teams, schnell auf Veränderungen zu reagieren und innovative Lösungen zu entwickeln. Das Unternehmen verfolgt einen datengetriebenen Ansatz, der schnelle und fundierte Entscheidungen ermöglicht.

b. Case 2: Huawei

Huawei ist ein chinesisches multinationales Unternehmen, das 1987 gegründet wurde. Das Unternehmen ist weltweit vor allem als führender Anbieter von Telekommunikationsausrüstung und Smartphones bekannt. Das Unternehmen hat sich zu einem der größten Hersteller von Telekommunikationsinfrastruktur weltweit entwickelt und spielt eine entscheidende Rolle beim Ausbau von 5G-Netzwerken. Huawei liefert Netzwerktechnologie und -ausrüstung an Telekommunikationsanbieter in zahlreichen Ländern.

Im Bereich der Smartphones ist Huawei ebenfalls ein bedeutender Player und war in den letzten Jahren einer der größten Smartphone-Hersteller weltweit. Das Unternehmen ist ebenso stark in den Bereichen Cloud Computing, Künstliche Intelligenz (KI) und Internet der Dinge (IoT) tätig und investiert weiterhin in Innovationen und Forschung. Huawei ist somit ein globaler Technologieriese mit einer breiten Produktpalette und einer starken Marktpräsenz.

Faktoren des Erfolgs:

a. **Schlanke Prozesse**: Huawei hat eine schlanke Organisation implementiert, die es ermöglicht, Entscheidungswege zu verkürzen und effizientere Arbeitsabläufe zu schaffen. Das Unternehmen legt großen Wert auf kontinuierliche Verbesserung und Innovation.

b. **Wissensaustausch**: Durch die Förderung einer offenen Kommunikationskultur und den Austausch von Best Practices zwischen den Teams hat Huawei seine Effizienz und Produktivität erheblich gesteigert.

c. Case 3: Zalando

Zalando ist ein deutsches Unternehmen, das 2008 gegründet wurde und sich auf den Online-Verkauf von Mode und Lifestyle-Produkten spezialisiert hat. Das Unternehmen hat seinen Hauptsitz in Berlin und ist heute einer der größten Onlinehändler für Mode und Schuhe in Europa.

Neben dem klassischen Online-Handel hat Zalando in den letzten Jahren auch verstärkt auf Technologie und Personalisierung gesetzt, um das Einkaufserlebnis weiter zu verbessern. Beispielsweise nutzt Zalando Künstliche Intelligenz und Datenanalyse, um Produktempfehlungen zu personalisieren und die Logistik zu optimieren.

Zalando hat seine Geschäftstätigkeit nicht nur in Deutschland, sondern hat sich zudem zu einer führenden E-Commerce-Plattform im Modebereich entwickelt. Das Unternehmen verfolgt außerdem eine nachhaltige Unternehmensstrategie, indem es verstärkt auf umweltfreundliche Produkte und Nachhaltigkeit setzt.

Faktoren des Erfolgs:

a. **Datengetriebene Entscheidungen**: Zalando nutzt Datenanalyse, um Entscheidungen zu treffen und Prozesse zu optimieren. Die Kommunikation zwischen den Abteilungen ist so gestaltet, dass Informationen schnell fließen und alle Beteiligten auf dem neuesten Stand sind.

b. **Innovative Arbeitsmethoden**: Zalando hat eine flexible Arbeitskultur eingeführt, die es Mitarbeitern ermöglicht, in agilen Teams zu arbeiten und ihre Arbeitsweise selbst zu gestalten. Dies fördert Kreativität und Effizienz.

Die Vielfalt der Branchen zeigt ein einheitliches Bild. Unabhängig von der Branche - ob bei Produktentwicklungen, im produzierenden Bereich, Verkauf oder Dienstleistungssektor - sind diese Erfolge auf wesentliche Schlüsselstrategien zurückzuführen.

Diese Cases zeigen, dass sich eine gelungene Transformation auf diese Themen zusammenfassen lässt:

a. **Technologieeinsatz**: Der Einsatz moderner Kommunikationstools und digitaler Plattformen erleichtert den Informationsaustausch und die Zusammenarbeit.

b. **Datenorientierung**: Die Nutzung von Daten zur Entscheidungsfindung verbessert die Effizienz und ermöglicht es Unternehmen, fundierte Strategien zu entwickeln.

c. **New Work und Agilität**: Eine zukunftsfähige und agile Führungs- und Organisationsstruktur ermöglicht es Unternehmen, schnell auf Veränderungen zu reagieren und innovative Lösungen zu entwickeln. Der Mensch, eine gelungene Führung und Zusammenarbeit, stehen dabei im Mittelpunkt.

d. **Transparente Kommunikation**: Eine offene Kommunikationskultur fördert den Wissensaustausch und die Partizipation der Mitarbeiter, was zu einer höheren Motivation und Produktivität führt.

Schlanke und effiziente Kommunikation sowie Organisation und flexibles Handeln sind entscheidend für den Erfolg moderner Unternehmen, sowohl in China als auch in Europa.

3.5. Die dunkle Seite von New Work und Agilität

Für ein umfassendes Bild für die Schritte zur Arbeitswelt der Zukunft ist ein Blick auf die dunkle Seite dieser Trends wesentlich. Neben all den Hypes, Kongressen und Seminaren und vor allem Erfolgen mit diesen neuen Formen der gelungenen Führung und Zusammenarbeit sind New Work und agile Methoden sicherlich keine Allheilmittel.

Wichtig ist dabei zu erkennen, was wir aus diesen Trends interpretieren und was wir daraus erfassen, gestalten und umsetzen. In vielen Bereichen wollen wir diese Modelle der Zusammenarbeit und Führung in eine schulkonforme Struktur pressen, Ausbildungen durchführen, Zertifikate und Auszeichnungen verteilen, flächendeckend ausrollen und in vorhandene Prozesse und Organisationsmodelle implementieren.

Dabei vergessen wir aber leider zu oft, was der eigentliche Kern und der Ursprung der Idee war. Frithjof Bergmann hat mit seinem Konzept der „Neuen Arbeit" sicherlich ebenso wenig an eine 4-Tage-Woche gedacht wie die 17 Softwareentwickler an die Scrum-Methodik und ein perfektes Ticketing-System und Kennzahlen-Dashboard, als sie das agile Manifest 2001 in Utah verfasst haben.

Zumeist werden diese neuartigen Trends zu schnell interpretiert, dabei missverstanden oder unzureichend implementiert. Dies kann fatale Folgen haben. Welche Situationen erkennst du in deinem Umfeld?

- **Überforderung und Burn-out:** Zu viele Projekte gleichzeitig und eine unklare Priorisierung führen zu Stress und Erschöpfung.
- **Zerrissenheit im Multiprojektmanagement:** Wenn Teams mehrere Projekte gleichzeitig managen sollen, ohne klare Strukturen und Unterstützung, entsteht eine Verzettelung, die zu ineffizienten Ergebnissen führt.

1, 2, 3 ... too much!

- **Missbrauch von Agilität:** Agilität, die ohne klare Rahmenbedingungen praktiziert wird und reines Cherry-Picking ermöglicht, kann zu einer De-Fokussierung führen. Teams und Organisationen, die wichtige Elemente der Agilität vernachlässigen, erleben geringen Erfolg in der Anwendung dieser Werte, Prinzipien und Praktiken. Statt klarer Ergebnisse und Begeisterung herrscht Chaos.

Vernachlässigung des Faktors < Mensch >

In vielen Fällen wird die Ebene der Methodik und Tools adressiert, nicht jedoch die wichtige Basis – der Mensch und die Kultur! Oft stehen Prozesse und Systeme im Vordergrund, während der Mensch als zentraler Erfolgsfaktor vernachlässigt wird. Ohne die Berücksichtigung emotionaler Bedürfnisse und sozialer Dynamiken sinkt die Motivation, auch die Innovationskraft wird erheblich beeinträchtigt.

Nur ein Ansatz, der sowohl Prozesse als auch die menschlichen Bedürfnisse in den Mittelpunkt stellt und sinnvoll verbindet, kann langfristig Erfolg und Profitabilität sichern. Unternehmen, die ihre Mitarbeiter ernst nehmen und in eine inspirierende Unternehmenskultur investieren, schaffen die Basis für nachhaltigen Erfolg und begeisterte Teams.

3.6. Die Sonnenseite von New Work und Agilität

Wo Schatten ist, ist auch Licht. In den angeführten Aufstellungen findest du einige der Effekte, wie sich New Work und Agile Umgebungen positiv auf die Mitarbeiter auswirken:

- **Flexibilität:** Mitarbeiter-Wohlbefinden und Work-Life-Balance sind entscheidende Elemente einer positiven Unternehmenskultur. In einer Zeit, in welcher sich der Druck auf Mitarbeiter erhöht, ist es für Führungskräfte wichtig, Strategien zu implementieren, die das Wohlbefinden der Mitarbeiter fördern. Programme zur Stressbewältigung, flexible Arbeitszeiten und die Möglichkeit, remote zu arbeiten, sind einige Maßnahmen, die Unternehmen ergreifen können. Laut einer Studie der Europäischen Agentur für Sicherheit und Gesundheitsschutz am Arbeitsplatz (EU-OSHA) gaben 61 Prozent der Befragten an, dass flexible Arbeitszeiten ihr Stressniveau verringern.

- **Mitarbeiter im Mittelpunkt**: Als Führungskraft solltest du aktiv eine Kultur fördern, in der das Wohlbefinden an erster Stelle steht. Regelmäßige Umfragen zur Mitarbeiterzufriedenheit, Retrospektiven, Reflexions- und Feedbackrunden können helfen, Bedürfnisse und Verbesserungspotenziale frühzeitig zu identifizieren. Indem du als Führungskraft das Wohlbefinden deiner Mitarbeiter priorisierst, trägst du für sie nicht nur zu einer besseren Lebensqualität bei, sondern steigerst auch die Produktivität und Zufriedenheit in eurem Unternehmen.

Die sichtbaren Resultate: In den nordischen Ländern wie Schweden liegen zahlreiche Untersuchungen vor, dass Unternehmen, die flexible Arbeitszeiten anbieten, eine höhere Mitarbeiterzufriedenheit und geringere Krankheitsraten aufweisen.

- **Förderung von Autonomie:** Mitarbeiter, die in einem Umfeld arbeiten, das Eigenverantwortung und Entscheidungsfreiheit fördert, zeigen eine höhere Resilienz und besseres psychisches Wohlbefinden.

Flexible Arbeitsmodelle schenken den Mitarbeitern Autonomie, was sich positiv auf das Engagement und die Gesundheit auswirkt.

- **Gesundheitsfördernd:** Oft stellen gerade Unternehmen mit New Work Environments gesundheitsfördernde Maßnahmen wie ergonomische Arbeitsplätze, Fitnessprogramme und mentale Gesundheitsressourcen zur Verfügung. Dadurch zeigt sich in vielen Unternehmen, dass sich die physische Gesundheit von Mitarbeitern verbessert. Bei einer Umfrage von Gallup in Europa berichteten 51 Prozent der Mitarbeiter über ein höheres Engagement bei flexiblen Arbeitsbedingungen.

Diese Umgebungen schaffen nicht nur neue Möglichkeiten für die Mitarbeiter. Ganzheitliche Ansätze haben ebenso zentrale Auswirkungen auf das gesamte Unternehmen und für dich als Führungskraft. Einige Fakten dazu als vertiefendes Nachschlagewerk:

- **Management:** Führungskräfte in New Work Umgebungen zeigen höhere Resilienz und verbesserte psychische Gesundheit, was sich positiv auf die gesamte Organisation auswirkt.

- **Investment:** Unternehmen, die New Work Prinzipien umsetzen, verzeichnen eine höhere Innovationsrate von 15 bis 20 Prozent bei Führungskräften. (Global Human Capital Trends, 2020)

- **Führungskräfte:** Laut einer Studie von McKinsey fühlen sich 68 Prozent der Führungskräfte in flexiblen Arbeitsumgebungen weniger gestresst und können besser auf Herausforderungen reagieren.

New Work Umgebungen haben das Potenzial, die Gesundheit und das Wohlbefinden der Mitarbeiter erheblich zu verbessern, indem sie Flexibilität, Autonomie und gesundheitsfördernde Maßnahmen bieten.

Positive Beispiele zeigen dabei, dass diese Ansätze nicht nur das Engagement und die Resilienz der Mitarbeiter steigern, sondern auch zu niedrigeren Krankheitsraten und Abwesenheiten führen.

Unternehmen und Führungskräfte, die diese Prinzipien umsetzen, profitieren nicht nur von einer gesünderen Belegschaft, sondern auch von einer höheren Produktivität durch Stabilität und Innovationskraft.

3.7. Nokia-Checkliste: Eure Veränderungsbereitschaft?

Nach diesem umfassenden Einblick der Herausforderungen, Trends und Möglichkeiten kannst du sicherlich als Führungskraft eure aktuelle Situation gut einschätzen. Damit euch nicht das Nokia-Schicksal ereilt, habe ich dir als Unterstützung und zur schnellen Einschätzung meine „Nokia-Checkliste“ angeführt.

Wie schätzt du euer Unternehmen, eure Form der Kommunikation, Zusammenarbeit und Art der Führung ein? Diese Checkliste hilft dir zu evaluieren, ob dein Unternehmen bereit ist, sich den Herausforderungen der Zukunft zu stellen. Zur Reflexion stelle dir folgende Fragen und halte deine Gedanken fest:

1) Ist meine Unternehmenskultur offen für Veränderungen und Innovation?

2) Unterstützen wir innovatives Denken und agile Arbeitsmethoden?

3) Fühlen sich unsere Mitarbeiter gehört und wertgeschätzt?

4) Sind wir technologisch und organisatorisch in der Lage, neue Herausforderungen zu meistern?

5) Nehmen wir unsere soziale Verantwortung ernst?

4. Falsch geglaubte Lösungen – wenn Ansätze scheitern

4.1. Die vier häufigsten Irrtümer

In der modernen Arbeitswelt stehen Unternehmen häufig vor denselben Herausforderungen: Wie lassen sich Effizienz steigern, Projekte erfolgreich umsetzen und Teams nachhaltig motivieren? Viele Unternehmen setzen auf Strategien, die in der Theorie schlagkräftig wirken, in der Praxis jedoch scheitern. Hier sind drei der häufigsten und weitverbreiteten Irrtümer:

1. „Wir müssen alles perfekt vorbereiten, bevor wir starten."

Die Idee dahinter: Viele Unternehmen glauben, dass sie erst alle Prozesse definieren, Mitarbeitende schulen und perfekte Strukturen schaffen müssen, bevor sie Transformation starten können.

Zum Start werden Prozesse bis ins kleinste Detail definiert und sämtliche Mitarbeitenden in agilen Methoden geschult, bevor eine wirkliche Transformation gestartet wird. Es wird damit versucht, eine Abdeckung von 100 Prozent zu erreichen. Doch in der Realität gibt es den perfekten Moment nie und Veränderungen werden nicht wirklich umgesetzt. Genau diese Herangehensweise führt oft zum Gegenteil: Es wird so lang geplant, dass die eigentliche Umsetzung gar nicht oder viel zu spät erfolgt.

Das Problem: Zu langwierige Vorbereitungsphasen führen zu Stillstand und verhindern Agilität. Innovation und Fortschritt entstehen nicht in der Theorie, sondern im aktiven Tun. Zudem hemmt ein übermäßiger Fokus auf Standardprozesse die Kreativität und Innovationskraft. Standardisierung sorgt zwar für Konsistenz, birgt aber die Gefahr, individuelle Lösungsansätze zu unterdrücken. Wenn Prozesse zu starr sind, entsteht ein „Bürokratiemonster", das Mitarbeiter entmutigt und Flexibilität sowie Anpassungsfähigkeit mindert.

Die Lösung: Du kannst in deinem Unternehmen stattdessen mit 80 Prozent Klarheit starten und während des Prozesses flexibel nachjustieren. Pilotprojekte, interaktives Lernen und schnelles Feedback sind hier der Schlüssel zum Erfolg.

„Besser 80 Prozent jetzt als 100 Prozent nie."

2. „Schnelle Entscheidungen sind besser als strategische Planung."

Ein anderer Zugang ist der blinde Fokus auf Geschwindigkeit. Unternehmen setzen auf Tempo und treffen vorschnelle Entscheidungen, um vermeintlich schneller Erfolge zu sehen – doch genau dadurch entstehen langfristige Probleme. In der Suche nach Effizienz neigen viele Unternehmen dazu, auf vermeintlich schnelle Lösungsansätze zu setzen. Dabei neigen in der Hektik des Tagesgeschäfts viele Unternehmen dazu, ihre Planungszyklen drastisch zu verkürzen und sich rein auf kurzfristige Reaktionen zu konzentrieren.

Das Problem: Fehlende strategische Ausrichtung führt dazu, dass Entscheidungen getroffen werden, die zwar schnell, aber nicht nachhaltig sind. Ein klassisches Beispiel: Ein Unternehmen, das ohne langfristige Marktanalyse große Investitionen in Materialien tätigt und später mit massiven Verlusten konfrontiert wird.

Schnelle Entscheidungen ohne klare Ableitung und mit bewusster Entscheidung führen zumeist zu Nacharbeiten. Wenn diese noch im eigenen Unternehmen getroffen werden können, ist es wieder einmal gut gegangen. Zu oft jedoch erleben wir Rückrufaktionen, Großserien-Reklamationen und kostenintensive Nachbearbeitung, die aufgrund schneller Entscheidungen ohne gute Basis getroffen wurden.

Die Lösung: Eine Balance zwischen Agilität und strategischer Weitsicht ist essenziell. Als Führungskraft kannst du einen klaren Entscheidungsrahmen mitsamt vorausschauender Planung anbieten und das Team dabei unterstützen, dass diese Inhalte auf fundierten Analysen basieren.

3. „Wir setzen auf Selbstorganisation – das Team regelt alles selbst."

Ein drittes großes Missverständnis ist die Vorstellung, dass Teams sich einfach selbst organisieren, wenn man ihnen nur genug Freiheiten gibt. Selbstorganisierte Teams sind dabei ein großes Ziel vieler moderner Unternehmen. Doch dieser Ansatz birgt Risiken, wenn die Basis für echte Eigenverantwortung fehlt.

Gerade in den letzten Jahren sind agile Zertifikate und Seminare zu 1.000 durchgeführt worden, mit der Hoffnung, das eigene Unternehmen wird dadurch agiler und die Teams starten direkt los in Eigenverantwortung – mit einer höheren Trefferquote der erwarteten Ergebnisse.

Das Problem: Ohne klare Strukturen und eine gefestigte Unternehmenskultur kann Selbstorganisation ins Chaos führen. Wenn Teams sich selbst überlassen werden, fehlt oft die Orientierung, um strategisch wertvolle Entscheidungen zu treffen. Ohne den richtigen Rahmen, ohne klare Prinzipien und Unterstützung führt das in den meisten Fällen zu hohen Unsicherheiten, Konflikten oder sogar zum kompletten Stillstand.

Lösung: Selbstorganisation muss aktiv unterstützt und gefördert werden. Unternehmen müssen einen klaren Rahmen mit Schutz- und Leitplanken schaffen, in dem Teams autonom arbeiten können, ohne dabei ziellos zu agieren.

4. „Wir müssen uns nur besser und öfters abstimmen."

Die effiziente Nutzung von Arbeitszeit ist eine der größten Herausforderungen für Unternehmen weltweit. Besonders die Zeit, die in Meetings und durch unproduktive Kommunikation verloren geht, kann die Produktivität erheblich beeinträchtigen. Zahlreiche Studien und Statistiken belegen, dass ineffiziente Meetings und Kommunikationsprozesse oft zu erheblichen Zeitverlusten führen, die die Gesamtproduktivität eines Unternehmens reduzieren. Die Probleme dabei sind vielfältig:

1. **Zeit in Meetings:** Mitarbeiter verbringen in vielen Unternehmen bis zu 30 Prozent ihrer Arbeitszeit in Meetings! Bei einer 40-Stunden-Woche entspricht das somit etwa zwölf Stunden. Dabei geben viele Mitarbeiter an, dass sie Meetings als ineffizient empfinden und häufig keinen klaren Zweck erkennen können.

2. **Ineffiziente Meetings:** 2020 ergab eine Umfrage, dass 71 Prozent der Befragten Meetings als Zeitverschwendung empfanden. Das bedeutet, dass bis zu 30 Prozent der Zeit in Meetings nicht produktiv genutzt wird. Auf die zuvor genannten zwölf Stunden in Meetings angewendet, könnten also etwa drei bis vier Stunden einfach gestrichen werden, ohne weitere Auswirkungen.

3. **Folge- und Überlappungsmeetings:** Microsoft hatte ebenfalls eine Umfrage aus dem Jahr 2021. Dabei gaben 54 Prozent der Mitarbeiter an, dass Meetings oft nur dazu dienen, Informationen auszutauschen, die auch schriftlich übermittelt werden könnten. Diese unnötigen Meetings führen zu einer weiteren Zeitverschwendung und reduzieren die Effizienz.

4. Absentismus-Waste-Time (AWT) „Ich komme heute mal nicht dazu."

Neben den ineffizienten Meetings führen vermehrt Abwesenheiten zu unbedingt notwendigen Terminen zu Produktivitätsverlusten. Absentismus kostet somit bis zu 30 Prozent der produktiven Arbeitszeit.

Fazit: der Weg zu nachhaltigem Erfolg

Falsch geglaubte Lösungen kosten Unternehmen Zeit, Geld und Energie. So ein Umfeld kann die eigene Zukunft des Unternehmens massiv beeinflussen. Der Drang nach sofortigen Ergebnissen kann dazu führen, dass langfristige Strategien vernachlässigt werden.

Wer stattdessen auf flexible Strukturen, klare und nachhaltige Entscheidungsprozesse und eine offene Reflexionskultur setzt, schafft die Grundlage für eine zukunftsfähige und resiliente Organisation.

Es benötigt keine Insellösungen, sondern einen ganzheitlichen, menschenzentrierten Handlungsrahmen.

Wir erkennen dabei, dass es nicht die EINE perfekte Lösung gibt, die man nur richtig umsetzen muss, damit alles funktioniert. Die Erfahrung aus zahlreichen Transformationsprojekten zeigt klar: Eine Transformation nach Gießkannenprinzip und auf Anordnung ist zum Scheitern verurteilt. Vielmehr geht es darum, die Begeisterung für diesen Weg im Team zu entfachen, flexibel zu bleiben, auf die Menschen im System zu achten, als Führungskraft aktiv mitzugehen und diesen Weg mit klaren Schritten zu begleiten.

All diese falschen Annahmen und schnellen Lösungsansätze führen oft zu verschwendetem Budget, Überforderung der Mitarbeiter und letztlich zum Scheitern von Transformationsprozessen.

Unternehmen müssen daher genau analysieren, welche Lösungsansätze wirklich funktionieren – und welche nur kurzfristige Strohfeuer sind. Dabei werden neue Technologien, Tools oder Methoden oft als Allheilmittel betrachtet – die kurzfristigen Erfolge stehen im Vordergrund, während tiefgreifende strukturelle Probleme ignoriert werden. Diese Illusion führt dazu, dass grundlegende Herausforderungen immer wieder neu auftreten.

Um langfristig erfolgreich zu sein, müssen Unternehmen den Mut zur ehrlichen Reflexion haben. Dabei geht es nicht nur um das Analysieren von Fehlern, sondern um eine bewusste Kultur des Lernens, Ausprobieren und Anpassens.

Der wichtigste Schritt dabei: Mut zur ehrlichen Bestandsaufnahme und die Bereitschaft, bewusste Veränderungen anzustoßen.

5. Erfolg benötigt Emotion und Begeisterung

5.1. Begeisterung als Erfolgsfaktor

„Am Anfang benötigt es Begeisterung und Emotion ...“ Dieser Teil meines Mottos begleitet mich nicht nur seit 2014 bei meinen Keynotes, sondern ist aus meiner Erfahrung vor allem der Schlüssel zu nachhaltigem Erfolg in Projekten und bei Transformationen. Emotion und Begeisterung sind mehr als bloße kurzfristige Motivatoren; sie sind der Treibstoff, der Innovation und langfristige Zusammenarbeit ermöglicht. Der Erfolg eines Unternehmens beginnt im Herzen seiner Menschen. Daher hängt eine erfolgreiche Transformation in die Arbeitswelt der Zukunft nicht nur von Strategien und Prozessen ab, sondern lebt von den Menschen, die diese umsetzen.

In meiner Rolle als Keynote-Speaker kenne ich die Magie der Begeisterung und Inspiration. Begeisterung wirkt wie ein Katalysator: Sie entfacht den Funken, der es Teams ermöglicht, Herausforderungen mit Elan anzugehen. Inspirierende Beispiele aus der Industrie wie die der Firma Gustav Hensel GmbH verdeutlichen, wie wichtig es ist, Mitarbeiter zu motivieren und ihnen eine klare Vision zu vermitteln.

Dabei können Begeisterung und Emotion mit einfachen Tricks und kleinen Hacks sofort umgesetzt werden.

a. **Storytelling:** Erzähle Erfolgsgeschichten, die den Teamgeist stärken und den Mehrwert von Veränderung greifbar machen.

b. **Erfolge transparent machen:** Ermöglicht regelmäßige, konstruktive Rückmeldungen und macht eure Erfolge transparent. Diese Transparenz kann mit einfachen Mitteln wie einer Brown-Bag-Lunch-Session umgesetzt werden und erfordert nicht sofort ein großes Event mit Verpflegung und Musik. Solche Brown-Bag-Lunch-Sessions können ganz einfach gestaltet werden: einmal pro Woche 30 Minuten Livestream oder Live-Treffen für alle Kollegen in einem ungezwungenen Rahmen. Alle können teilnehmen, niemand muss. In diesen Sessions haben Kollegen und Führungskräfte die Möglichkeit, informell über ihre kleinen und großen Erfolge zu berichten. Diese sorgen dafür, dass Erfolge wahrgenommen und gefeiert werden.

c. Am Anfang spürt man in solchen Formaten teilweise Unsicherheit, jedoch erlebt man durch die Regelmäßigkeit (1x pro Woche) ein wachsendes Interesse und Begeisterung. Es entstehen Momente wie „Den kleinen Kundenauftrag haben wir gestern gewonnen. Wow! Wunderbar! Ach, das ist, was du machst." Diese Leichtigkeit im Austausch verbindet nicht nur die Menschen, sondern es wird auch ein tieferes Verständnis füreinander aufgebaut.

d. **Inspiration durch Vorbilder**: Führungskräfte, die selbst begeistern, können als lebendige Beispiele dienen und ihren Mitarbeitern Mut machen. Erzähle kleine Erfolge, die du in deinem Team beobachtet hast, und sprich diese Wertschätzung offen in diesem Rahmen aus. Du wirst in deinen Teams Veränderung erleben. Kleine Dankbarkeiten und großartige Geschichten befeuern die Freude am Tun.

Ohne Emotion und Begeisterung bleiben selbst die besten Strategien nur Theorie. Eine Unternehmenskultur, die auf Vertrauen, Inspiration und echter menschlicher Verbundenheit basiert, legt den Grundstein für nachhaltigen Erfolg und dauerhafte Transformation.

Begeisterung und Emotion spielen eine entscheidende Rolle dabei, ob Veränderungen angenommen oder abgelehnt werden. Sie sind nicht nur flüchtige Antriebe, sondern die Grundpfeiler einer nachhaltigen Transformation.

5.2. Emotionale Intelligenz

In diesem Zusammenhang zeigt sich, wie wichtig Emotion und Begeisterungsfähigkeit für eine erfolgreiche Führung und Zusammenarbeit sind. Sie ermöglichen es, eine inspirierende Vision zu entwickeln, die Teams motiviert und langfristig bindet. Doch wie gelingt es, Begeisterung für Veränderungen zu wecken?

Aus den beschriebenen Beispielen der kleinen Hacks zeigt sich, dass ein wesentlicher Faktor die Kommunikation ist. Führungskräfte müssen ihre Teams nicht nur informieren, sondern sie wirklich inspirieren.

Sie müssen als Führungskraft ein klares „Wozu“ vermitteln und aufzeigen, welchen positiven Einfluss diese Veränderung sowohl auf das Unternehmen als auch auf die Mitarbeitenden haben wird. Dabei geht es nicht nur um das Was, sondern vor allem auch um das Warum.

Ein weiterer entscheidender Punkt ist der Rahmen, den Unternehmen für ihre Teams schaffen. Menschen benötigen nicht nur klare Strukturen, sondern auch Freiräume, um ihre individuellen Stärken entfalten zu können. Nur so entsteht eine Arbeitsumgebung, in der Transformation nicht als Belastung, sondern als Chance wahrgenommen wird.

Hier kommt die emotionale Intelligenz ins Spiel – der „Magic Key“ für Führungskräfte in der heutigen Zeit. Sie ist der Schlüssel, um sowohl die eigenen Emotionen als auch die der Mitarbeitenden wahrzunehmen, zu verstehen und positiv zu lenken.

Sie hilft Führungskräften, die Bedürfnisse und Motivationen ihrer Teams zu erkennen und so eine Atmosphäre zu schaffen, in der Veränderung nicht nur möglich, sondern aktiv gewünscht wird. Emotionale Intelligenz ermöglicht es, Vertrauen aufzubauen, Konflikte konstruktiv zu lösen und die Mitarbeiterbindung zu stärken – essenzielle Fähigkeiten für erfolgreiche Führung in einer immer komplexeren, schnelllebigen Welt. Nur so entsteht eine Arbeitsumgebung, in der Transformation nicht als Belastung, sondern als Chance wahrgenommen wird.

5.3. Die Rolle der emotionalen Intelligenz

Stell dir vor, Anna, eine Teamleiterin in einem großen Softwareunternehmen in Berlin, steht vor einer großen Herausforderung. Ihr Team hat in den letzten Monaten unter hohem Druck gestanden, um ein neues Produkt rechtzeitig auf den Markt zu bringen. Die Arbeitsbelastung hat zu Spannungen unter den Teammitgliedern geführt, und die Stimmung ist angespannt. Anna erkennt, dass die technische Expertise ihres Teams nicht ausreicht, um die Probleme zu lösen, die nun aufgetreten sind. Sie muss emotionale Intelligenz einsetzen, um diese Dynamik zu verändern.

*** Emotionale Intelligenz (EI) ***

Die Fähigkeit, eigene und fremde Emotionen wahrzunehmen, zu verstehen und zu beeinflussen. Daniel Goleman, ein führender Experte auf diesem Gebiet, identifiziert fünf Hauptkomponenten der emotionalen Intelligenz: Selbstbewusstsein, Selbstregulierung, Motivation, Empathie und soziale Fähigkeiten. In der modernen Arbeitswelt ist EI entscheidend, da sie die Teamzusammenarbeit, das Konfliktmanagement und das allgemeine Wohlbefinden der Mitarbeiter fördert.

****

Anna entscheidet sich, ein wöchentliches Team-Meeting einzuführen, in dem sie nicht nur die Fortschritte bespricht, sondern auch Raum für emotionale Themen schafft. Sie beginnt jede Sitzung mit einem kurzen Ice Breaker und der Möglichkeit, in der alle Teammitglieder ihre aktuellen Gefühle und Herausforderungen teilen können. Diese Praxis fördert nicht nur das Verständnis untereinander, sondern hilft auch, Spannungen abzubauen.

Ein weiterer praktischer Ansatz zeigt sich durch den Einsatz von Empathie-Workshops, die von externen Coaches oder intern verfügbaren Moderatoren geleitet werden. Diese Workshops helfen den Teammitgliedern, ihre emotionalen Fähigkeiten zu entwickeln und zu lernen, wie man in stressigen Situationen besser kommuniziert. Anna bemerkt bald eine Verbesserung der Teamdynamik und eine höhere Motivation unter den Mitarbeitern. Emotionale Intelligenz wird somit zu einem Schlüssel für den Erfolg des Projekts.

Diese fiktive Geschichte zeigt, wie emotionale Intelligenz Führungskräften ermöglicht, die Bedürfnisse und Gefühle ihrer Mitarbeiter wahrzunehmen und gezielt zu fördern. Dies schafft ein Umfeld, in dem Kreativität, Innovation und Zusammenarbeit florieren. Zahlreiche Studien belegen, dass Teams, in denen emotionale Intelligenz gelebt wird, eine höhere Zufriedenheit und geringere Fluktuation aufweisen.

5.4. Ausblick auf die kommenden Jahre (2025–2028)

Mit dem Bewusstsein, dass Begeisterung und Emotion die Akzeptanz und Nachhaltigkeit von Veränderungen beeinflussen, führt uns das unweigerlich zu der Ableitung, dass weitere menschliche Fähigkeiten in den kommenden Jahren für den Erfolg zentral sein werden. Neben der Bedeutung des Intelligenzquotienten (IQ) rückt zunehmend dieser emotionale Intelligenzquotient (EQ) in den Vordergrund.

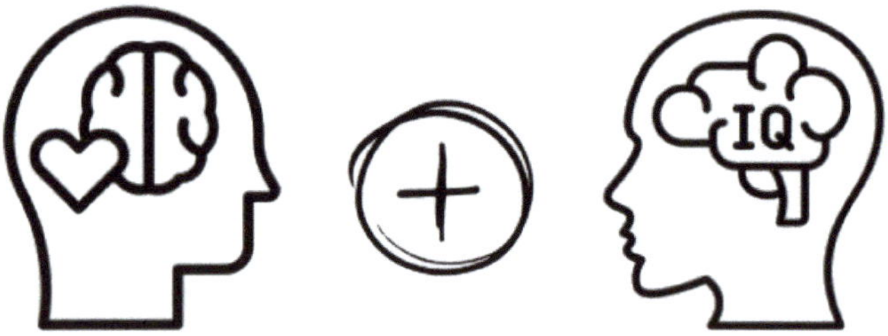

Während der IQ die Basis für das Verstehen und Bearbeiten kognitiver Herausforderungen bildet, ist der EQ der Schlüssel zur erfolgreichen Interaktion mit anderen Menschen und zur Gestaltung einer positiven, produktiven Arbeitsumgebung, in der Begeisterung und Emotion als treibende Kräfte wirken. Die Betrachtung dieser beiden Komponenten ist für die kommenden Jahre entscheidend, weil unsere heutige Zeit durch einen rasanten Wandel, Digitalisierung und den Einsatz von Künstlicher Intelligenz (KI) geprägt ist. Die kommenden Jahre werden Unternehmen und uns Menschen fordern, beide Dimensionen der Intelligenz zu kultivieren und in Einklang zu bringen.

Zum einen wird es in Zukunft noch wichtiger sein, komplexe Sachverhalte zu verstehen, analytisch zu denken und innovative Lösungen zu entwickeln. Dabei wird die Fähigkeit, sich schnell in neue Technologien und Arbeitsweisen einzuarbeiten, unerlässlich. Gleichzeitig steigt, wie in den vorangegangenen Kapiteln beschrieben, die Bedeutung von Zusammenarbeit, Führung und der Entwicklung von neuen Arbeitskulturen. Der emotionale Intelligenzquotient ist dabei eine zentrale Komponente, die du dir als Führungskraft aneignen musst.

Als Führungskraft musst du damit nicht nur deine Kompetenzen hinsichtlich strategischen Denkens (IQ) weiter ausbauen, sondern auch die Fähigkeit, Menschen für Veränderungen zu gewinnen, Ängste abzubauen und eine positive Einstellung zur Zukunft zu fördern (EQ). In einer zunehmend komplexen und von Veränderungen geprägten Arbeitswelt ist sowohl der scharfe Verstand als auch die soziale und emotionale Kompetenz unerlässlich für nachhaltigen Erfolg.

Durch eine optimale Kombination wirst du der Transformationsgestalter und Brückenbauer von zukunftsfähigen, erfolgreichen Umgebungen und baust die tragfähigen Verbindungen zwischen traditionellen und neuen Arbeitswelten auf, was ein hohes Maß an Empathie und sozialer Kompetenz erfordert. Diese Entwicklung zeigt sich nicht nur in der theoretischen Betrachtung, sondern auch im Wandel auf aktuelle Einschätzungen zur Entwicklung am Arbeitsmarkt. Um die Relevanz von IQ, EQ und deren Abhängigkeit zu einem ganzheitlichen, menschenzentrierten Ansatz weiter zu vertiefen, werfen wir einen Blick auf die wesentlichen Erkenntnisse der letzten drei Jahre und den Ausblick auf die kommenden drei Jahre.

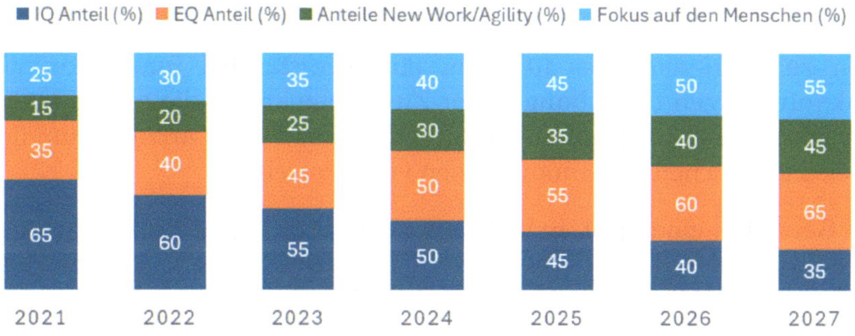

Diese Entwicklungen sind nicht nur ein Spiegelbild des aktuellen Wandels in der Arbeitswelt, sondern auch eine Antwort auf die zunehmende Bedeutung von emotionaler Intelligenz in Führungspositionen und Personalentwicklung. In den kommenden Jahren wird ein zunehmender Anteil der emotionalen Intelligenz (EQ) erwartet, während die Bedeutung fachlicher Skills voraussichtlich abnehmen wird.

Diese Entwicklung zeigt einerseits die wachsende Bedeutung emotionaler Intelligenz für die Führungskultur und andererseits die zunehmende Nutzung von KI-gestützten Systemen und Entscheidungshilfen, die die Notwendigkeit für hoch ausgeprägte fachliche Skills verringern.

In deiner Rolle als Führungskraft verlagern sich damit detail-operative Aufgaben zunehmend auf strategisches Denken, gute Interpretation und die Einschätzung von Trends und deren Auswirkungen. Die Fähigkeit, durch vorhandene Informationen eine bewusste Ableitung und Zielsetzung für dein Unternehmen und deine Teams vorzugeben und kommunizieren zu können, ist ein wesentlicher Baustein für den zukünftigen Erfolg.

Neben dem strategischen Handeln wirst du als Führungskraft zunehmend in der Lage sein müssen, deine eigenen Emotionen sowie die deiner Mitarbeiter zu erkennen, zu verstehen und zu regulieren, um erfolgreich zu führen und positive Arbeitsumgebungen zu schaffen.

Darüber hinaus wird der Fokus auf New Work und agile Arbeitsmethoden immer stärker zunehmen. Unternehmen müssen flexibler werden, um schnell auf die sich ständig verändernden Marktbedingungen zu reagieren. Dies führt zu einer verstärkten Integration von zukunftsfähigen Umgebungen der Zusammenarbeit, die es den Unternehmen ermöglichen, effizienter und dynamischer zu arbeiten, um ihre Ziele zu erreichen und Innovationen voranzutreiben.

Gerade in einer Zeit, in der New Work und Agilität zunehmend an Bedeutung gewinnen (siehe Kapitel: Trends und Hypes), ist es unerlässlich, die emotionalen und sozialen Aspekte der Arbeit in den Mittelpunkt zu stellen. Emotionale Intelligenz und menschenzentrierte Ansätze sind damit unverzichtbare Bestandteile und zentrale Elemente für die zukünftige Führung und Organisationsentwicklung.

Für deine Rolle als Führungskraft steigert sich damit die Aufmerksamkeit insbesondere zu diesen zentralen Themen:

a. Emotionale Intelligenz in der Führung

In der heutigen Arbeitswelt wird von Führungskräften immer mehr verlangt, dass sie nicht nur strategisch denken und handeln, sondern auch ein tiefes Verständnis für die emotionalen Bedürfnisse ihrer Mitarbeiter entwickeln. Besonders wichtig wird dies in der Kommunikation und der Gestaltung von Veränderungen.

Als Führungskraft solltest du über eine hohe emotionale Intelligenz verfügen, um die Gefühle deiner Mitarbeiter zu erkennen. Damit hast du die Möglichkeit, empathisch zu reagieren und ein Arbeitsumfeld zu gestalten, in dem sich alle respektiert und verstanden fühlen. Dies ist nicht nur für die Zusammenarbeit im Team entscheidend, sondern vor allem für die heutigen Generationen am Arbeitsmarkt, die Wert auf authentische, transparente Kommunikation legen und sich eine empathische Führung wünschen. Diese Fähigkeit, sich in andere hineinzuversetzen und angemessen auf emotionale Situationen zu reagieren, wird immer mehr zum Schlüssel für eine erfolgreiche und nachhaltige Führungskultur.

b. EQ-Trends in der Personalentwicklung

Der Erfolg von Organisationen hängt heute umso mehr nicht nur von den Fähigkeiten der Mitarbeiter ab, sondern auch davon, wie gut sie in der Lage sind, die emotionalen Bedürfnisse ihrer Belegschaft zu verstehen und zu unterstützen. Der Fokus verschiebt sich zunehmend auf einen menschenzentrierten Ansatz, bei dem die persönliche Entwicklung und das Wohl der Mitarbeiter im Mittelpunkt stehen. Dieser neue Führungsansatz fördert nicht nur die Zufriedenheit und Motivation der Mitarbeiter, sondern stärkt auch deren Bindung ans Unternehmen. In einer Zeit, in der Flexibilität, Digitalisierung und Veränderung an der Tagesordnung sind, wird es immer wichtiger, dass Führungskräfte ihre Teammitglieder nicht nur als Arbeitskräfte, sondern als Menschen wahrnehmen.

c. Engagement und Leistung der Mitarbeiter

Gerade in Transformationsvorhaben zeigt sich immer wieder, dass Mitarbeiter, die sich emotional unterstützt und verstanden fühlen, mit mehr Motivation und Begeisterung bei der Arbeit sind und sich aktiv auf dem Weg dieses Wandels einbringen wollen. Sie sind nicht nur produktiver, sondern auch loyaler ihrem Arbeitgeber gegenüber.

Durch diese Entwicklungen wird unser Fokus weiter gestärkt: Ein ganzheitlicher, menschenzentrierter Ansatz und Führung fördern nicht nur das persönliche Wachstum der Mitarbeiter, sondern haben auch einen positiven Einfluss auf die gesamte Organisation.

Als Führungskraft kannst du mit diesem Bewusstsein eine wesentliche Änderung herbeiführen und Teams zur Top-Performance bringen. Durch die gezielte und nachvollziehbare Stärkung der emotionalen Intelligenz in eurem Team sichert ihr wesentlich die Stabilität eures Unternehmens für die Zukunft.

5.5. WakeUP! EQ-Test für dich

Dieser kurze Test kann dir dabei helfen, deine persönlichen Stärken und Entwicklungsbereiche in der emotionalen Intelligenz zu erkennen. Er bietet dir als Ergebnis eine Einschätzung deiner EQ an. Vergib pro Frage deine Einschätzung von 1 bis 5 zur Übereinstimmung. Die Möglichkeiten sind dabei: (5) Sehr stark, (4) Stark, (3) Neutral, (2) wenig, (1) sehr wenig. Im Anschluss kannst du dein Ergebnis selbst auswerten.

Frage	**Bewertung (1–5)**
1. Ich erkenne schnell, wenn ich gestresst bin.	
2. Ich kann mich gut in die Gefühle anderer Menschen hineinversetzen.	
3. Ich reagiere ruhig auf emotionale Herausforderungen.	
4. Ich kann meine eigenen Emotionen gut ausdrücken.	
5. Ich höre anderen aktiv zu, wenn sie über ihre Gefühle sprechen.	
6. Ich kann Konflikte schnell und effizient lösen.	
7. Ich bin mir meiner emotionalen Auslöser bewusst.	
8. Ich kann meine Emotionen gut regulieren, wenn ich wütend bin.	
9. Ich schätze die Meinungen und Gefühle anderer.	
10. Ich bin offen für konstruktive Kritik.	
11. Ich kann die Körpersprache anderer gut interpretieren.	
12. Ich halte meine Versprechen und Verpflichtungen ein.	
13. Ich kann meine Emotionen in stressigen Situationen kontrollieren.	

14. Ich fühle mich wohl, wenn ich über meine Gefühle spreche.	
15. Ich kann mich schnell an Veränderungen anpassen.	
16. Ich bin in der Lage, positive Beziehungen zu anderen aufzubauen.	
17. Ich erkenne, wenn jemand in meiner Nähe traurig oder unglücklich ist.	
18. Ich bin geduldig und verständnisvoll im Umgang mit anderen.	
19. Ich reflektiere regelmäßig über meine eigenen Emotionen und Verhaltensweisen.	
20. Ich kann meine Emotionen in schwierigen Gesprächen im Griff behalten.	
21. Ich unterstütze andere in emotional schwierigen Zeiten.	
22. Ich suche aktiv nach Feedback, um mich zu verbessern.	
23. Ich kann meine Emotionen in kreativen Ausdrucksformen umsetzen.	
24. Ich bin mir meiner Stärken und Schwächen bewusst.	
25. Ich habe ein gutes Gespür dafür, wie sich andere fühlen.	
Ergebnis:	

Auswertung des Fragebogens und deines EQ-Ergebnisses:

Addiere die Antworten für jede Frage, z. B. "Sehr wenig (1)" = 1 Punkt, "Wenig (2)" = 2 Punkte usw. Die Gesamtsumme gibt dir eine Einschätzung deiner emotionalen Intelligenz, basierend auf den abgefragten Kriterien. Die maximale Punktzahl, die erreicht werden kann, ist 125 (25 Fragen × 5 Punkte). Eine höhere Punktzahl deutet auf stark ausgeprägte emotionale Intelligenz hin.

Punkteskala: 1,0 – 1,9: Entwicklungspotenzial – Möglichkeit, Selbstwahrnehmung und Empathie zu stärken | 2,0 – 2,9: Basis vorhanden – Ansätze für Emotionsregulation und Konfliktlösung ausbauen | 3,0 – 3,9: solide Grundlage – gute Balance mit Raum für Weiterentwicklung | 4,0 – 4,4: stark – ausgeprägte emotionale Intelligenz und gutes Beziehungsmanagement | 4,5 – 5,0: exzellent – hohe Empathie und Kommunikationsstärke, ideal für Führungsrollen

6. Fokus und Disziplin für nachhaltigen Erfolg

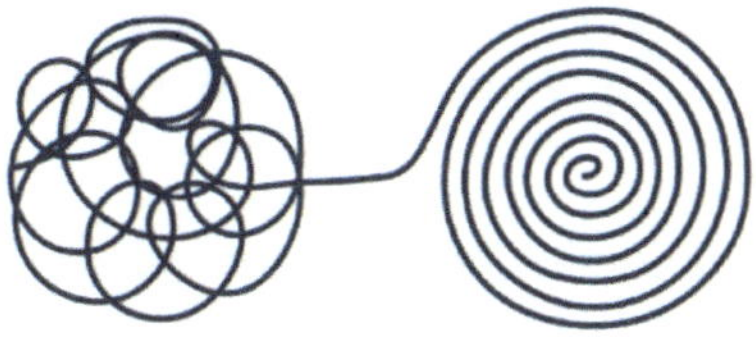

6.1. Einstieg in das Thema

„... für den Erfolg, Fokus und Disziplin!“ In einer Welt voller Ablenkungen und unzähliger Möglichkeiten sind Fokus und Disziplin unverzichtbar. Sie sorgen dafür, dass die richtigen Dinge zur richtigen Zeit erledigt werden, und bilden somit das Fundament für langfristige Erfolge.

„Die richtigen Dinge richtig tun“

Fokus bedeutet, die wichtigsten Ziele klar zu definieren und sich konsequent auf diese zu konzentrieren. Unternehmen wie Toyota zeigen, wie durch Lean Management und kontinuierliche Verbesserung Verschwendung minimiert und Effizienz maximiert werden kann. Dabei reicht es nicht aus, nur beschäftigt zu sein. Entscheidend ist, dass die gesetzten Prioritäten den übergeordneten Unternehmenszielen entsprechen. Die Anwendung von S.M.A.R.T.-Kriterien (Spezifisch, Messbar, Erreichbar, Relevant, Zeitgebunden) hilft dabei, den Erfolg messbar zu machen.

Disziplin ist die Fähigkeit, auch in schwierigen Zeiten konsequent an den gesetzten Zielen festzuhalten. Kontinuierliches Feedback und klar definierte Ergebnisse sind entscheidend, um eine Kultur der Verantwortung zu etablieren. Strategien wie klare Zieldefinition, regelmäßige Reflexion, Ressourcenbereitstellung und Maßnahmen zur Minimierung von Ablenkungen sind essenziell. Fokus und Disziplin sind zentrale Bausteine jeder erfolgreichen Transformation. Sie ermöglichen es auch in komplexen und dynamischen Umgebungen, die Kontrolle zu behalten und konsequent auf die gesetzten Ziele hinzuarbeiten. Als Führungskraft ist es wichtig zu verstehen, dass Transformation kein Sprint ist, sondern vielmehr ein Marathon auf Langstreckendistanz. Unternehmen, die langfristig erfolgreich sein möchten, brauchen mehr als nur eine innovative Idee oder eine neue Technologie – sie brauchen Fokus und Disziplin. Ohne diese beiden Faktoren bleibt jede Veränderung nur ein kurzes Experiment, das nach wenigen Monaten im Alltagstrubel untergeht.

6.2. Fokus vs. Ablenkungen

Diesen klaren Fokus zu setzen, schaffen wir nur bedingt. In einer Welt, die uns zahlreiche Ablenkungen ermöglicht und durch Impulse in unserer Umgebung minütlich instruiert wird, wird immer mehr die Kunst, Fokus zu setzen, relevant. Häufig wechseln Prioritäten über den Tag, werden durch kurzfristige neue Informationen verworfen oder ein ungeplantes Thema muss noch einmal schnell behandelt werden.

Dieses Ablenkungsfeuerwerk führt zu der De-Fokussierung und im schlimmsten Fall zum Stillstand im Fortschritt: das Ping am Smartphone, das Icon über die E-Mail-Benachrichtigung, die Message auf der Uhr am Handgelenk, die Posts und Likes in den Social Media Foren und die Nachrichten mit Anfragen wie „Schau dir das mal an. Was hältst du von den Zahlen?" in den kurzen Chats während laufender Meetings. Jeder dieser Trigger setzt einen Impuls in unserem Gehirn frei und lenkt unterbewusst sofort unsere Aufmerksamkeit vom eigentlichen Thema.

Wir haben sogar einen Namen dafür gefunden: *das Broken Focus Syndrom*. Es ist daher wichtig, sich der Auswirkungen bewusst zu sein und Strategien zu entwickeln, um diese Herausforderungen zu bewältigen.

6.3. Broken Focus Syndrom – Konzentration in einer Welt voller Ablenkungen

In der heutigen schnelllebigen und technologiegetriebenen Gesellschaft sehen sich viele Menschen mit einem Phänomen konfrontiert, das als Broken Focus Syndrom bezeichnet wird.

Dieses Syndrom beschreibt die Schwierigkeiten, sich auf eine bestimmte Aufgabe zu konzentrieren, während man von einer Vielzahl von Ablenkungen umgeben ist.

Diese Ablenkungen können, wie zuvor genannt, vielseitige Gründe haben. Digitale Medien, Multitasking, eine Führungskraft, die kurz einmal doch etwas vermeintlich Wichtigeres vom Team benötigt und andere Störungen, welche die Fähigkeit beeinträchtigen, fokussiert und produktiv zu arbeiten. Die ständige Verfügbarkeit von Informationen und Kommunikationsmöglichkeiten führt dazu, dass Menschen zunehmend Schwierigkeiten haben, sich auf eine einzige Aufgabe zu konzentrieren und diese sinnvoll, effizient und wertschöpfend abzuschließen.

Ein weiteres Merkmal ist das Multitasking. Viele Menschen glauben, dass sie durch das gleichzeitige Erledigen mehrerer Aufgaben produktiver sind. Studien haben jedoch mehrfach bewiesen, dass Multitasking oft kontraproduktiv ist und ein völliger Irrglaube. Die Stanford University führte eine Untersuchung durch, die ergab, dass häufige Multitasker Schwierigkeiten haben, Informationen zu filtern und sich auf relevante Aufgaben zu konzentrieren. Dies führt oft zu einer geringeren Effizienz und einer erhöhten Fehlerquote.

Zusätzlich führt kognitive Überlastung zu einem weiteren Aspekt des Broken Focus Syndroms. Wenn das Gehirn mit zu vielen Informationen konfrontiert wird, kann es Schwierigkeiten haben, diese zu verarbeiten und für sich klar zu bewerten und zu priorisieren. Dies kann zu einer verringerten Leistung und einem Gefühl der Überwältigung führen. Bei kognitiver Überlastung zeigt sich, dass das Gehirn Schwierigkeiten hat, mehrere Informationsquellen gleichzeitig zu verarbeiten, was die Konzentration weiter beeinträchtigt. In der Umgangssprache bezeichne ich diesen Zustand gerne auch als „Over brained", der sich in massiver Ineffizienz auswirkt.

Darüber hinaus kann die ständige Ablenkung durch digitale Medien und anhaltende Unterbrechungen zu einem Anstieg des Stresses führen. Diese beeinträchtigen die Konzentration und verlängern die benötigte Zeit, um sich wieder auf eine Aufgabe zu konzentrieren. Dieser ständige Druck kann nicht nur die Produktivität verringern, sondern auch das allgemeine Wohlbefinden beeinträchtigen.

Die Auswirkungen des Broken Focus Syndroms sind weitreichend und können sowohl die berufliche als auch die persönliche Lebensführung betreffen.

Menschen, die solch ein Umfeld erleben, nehmen oft eine niedrige Qualität ihrer Arbeit und eine erhöhte Fehlerquote wahr. Diese Leistungseinbrüche können zu Frustration und Stress führen, da die Betroffenen das Gefühl haben, ihre Aufgaben ineffektiv zu bewältigen und ihren Beitrag für das Team nicht leisten zu können.

Ein weiterer negativer Effekt, den du als Führungskraft für dein Team beachten musst, ist die Beeinträchtigung der Entscheidungsfindung. Die ständige Ablenkung und der Versuch, mehrere Informationen gleichzeitig zu verarbeiten, können die Qualität der Entscheidungen verringern. In solchen Situationen haben Menschen oft Schwierigkeiten, klare und fundierte Entscheidungen zu treffen, was in vielen Lebensbereichen, einschließlich der beruflichen und persönlichen Entwicklung, zu Nachteilen führen kann.

Als Führungskraft stehen dir verschiedene Möglichkeiten zur Verfügung, um die negativen Auswirkungen des Broken Focus Syndroms zu überwinden. Die effektivsten Methoden sind dabei:

- **Festlegung von fokussierten Arbeitszeiten**
  Fixiert bestimmte Zeiten für konzentrierte Arbeit ohne Unterbrechungen. Damit kann man die Produktivität steigern und Ablenkungen reduzieren. Gerade für Tätigkeiten, die eine hohe Konzentration benötigen, sind diese Fokuszeiten ein wahrer Gamechanger für die Mitarbeiter.

- **Minimiere Ablenkungen**
  Vereinbart einfache Richtlinien zu eurer Kommunikation für euch als Team, wie ihr digitale Benachrichtigungen zum Austausch von Informationen verwenden möchtet und welche Erreichbarkeit ihr für die Zusammenarbeit definiert. Einerseits wird dadurch ein zusätzlich klarer Time Frame für den Austausch im Team gesetzt, andererseits beruhigt es euch insgeheim. Wer möchte schon alle fünf Minuten auf sein Smartphone oder in die Chatbox sehen?

- **Aufgaben priorisieren**
  Konzentriert euch auf die wichtigsten Aufgaben und stimmt die Priorisierung dieser Themen in einem wiederholenden Zyklus ab. Wichtig dabei ist eine gemeinsame Definition, wie es zur Priorisierung kommt. Die Regel, „wer am lautesten fordert", hat wenig mit guter Priorisierung zu tun. Nutzt dafür euer gemeinsames Verständnis und haltet es als Richtlinie fest. Wodurch wird die Priorisierung beeinflusst? (Markt, Umsatz, Strategie, Kunde ...) Durch eine abgestimmte Priorisierung reduzierst du als Führungskraft massiv die Anzahl der Änderungen im Tagesgeschäft und Gedanken-Hoppings bei deinen Mitarbeitern.

- **Regelmäßige Pausen**
  Pausen helfen, den Geist zu erfrischen und die Konzentration wiederherzustellen. Gerade kurze Pausen erhöhen die Produktivität und verbessern die allgemeine Leistungsfähigkeit. Zudem unterstützen diese Pausen den persönlichen Austausch zwischen Mitarbeitern und fördern die Gemeinschaft. In einigen Unternehmen stehen nicht umsonst ein Drehfußballtisch oder andere Gamification-Möglichkeiten. Diese haben weniger mit einem New Work Hipster Charakter zu tun, sondern ermöglichen den Mitarbeitern mit einem kurzen Spiel nach einer intensiven Fokuszeit kurz einmal den Kopf durchzulüften. Und dieses gemeinschaftliche Erlebnis verbindet zudem ungemein.

Mit dem Broken Focus Syndrom sind viele Menschen in der modernen Arbeitswelt konfrontiert. Dabei geht es nicht nur um einzelne Aufgaben. Vielmehr haben ständige Ablenkungen und Projekt-Hopping einen massiven Einfluss auf den wertschöpfenden und ergebnisorientierten Abschluss von Projektergebnissen.

In zahlreichen Erfahrungen der Transformationsbegleitung erlebe ich, dass viele Unternehmen zu viele Projekte gleichzeitig starten, anstatt sich auf die wirklich wichtigen Themen zu konzentrieren. Das Credo „Mehr Projekte bedeuten mehr Erfolg" erweist sich oft als Trugschluss. Stattdessen ist es entscheidend, die richtigen Prioritäten zu setzen und Ressourcen und Fähigkeiten gezielt einzusetzen.

Doch der Fokus allein reicht nicht aus – auch Disziplin ist notwendig. Unternehmen müssen sicherstellen, dass Prozesse und neue Arbeitsweisen nicht nur in der Theorie existieren, sondern auch konsequent umgesetzt werden. Hier spielst du als Führungskraft eine entscheidende Rolle. Führungskräfte müssen als Vorbilder agieren und mit gutem Beispiel vorangehen. Agile und New Work Handlungsrahmen haben zwei Seiten: Einerseits einen hohen Freiheitsgrad und Möglichkeiten, um die gewünschten Ergebnisse umzusetzen, andererseits benötigen und verfolgen diese Ansätze im Kern ganz klare Regeln in der Form der Zusammenarbeit, Führung und Kommunikation. Wenn diese grundlegenden Regeln im schlimmsten Fall gleich zum Start verbogen, weichgespült oder umgangen werden, ist das Scheitern des Vorhabens bereits von Beginn an vorprogrammiert.

Als Führungskraft kannst du als Unterstützung dieses Mantra verfolgen und vorleben:

„Hart zur Sache, weich zum Menschen!"

Gerade agile Umgebungen haben fünf grundlegende Werte, die eine hohe Relevanz für den gemeinschaftlichen Erfolg haben: Selbstständigkeit, Respekt, Offenheit, Mut und Disziplin tagtäglich gelebt.

Für ein besseres Verständnis mache ich die Werte Disziplin und Selbstständigkeit konkret an einem Beispiel fest.

Wenn eure Werte – Disziplin und Selbstständigkeit tagtäglich gelebt – sind, dann ist jeder dazu aufgerufen, in Eigenverantwortung und im Rahmen der zulässigen Möglichkeiten alles zu tun, um die zugesagten Ergebnisse zu erreichen. Antworten bei nicht Erreichung wie „Der Kollege war ja nicht in meinem Büro" sind dabei nicht förderlich. Sie müssen klar angesprochen und geklärt werden.

Wichtig ist in der Abklärung, dass der zweite Teil des zuvor genannten Leitsatzes gilt: „... weich zum Menschen."

Die grundlegenden Werte müssen von euch allen vorgelebt und gelebt werden, vor allem von dir als Vorbild und Führungskraft. Den Hintergrund, warum die Kollegen in ihrer Kommunikation noch nicht den nächsten Schritt gesetzt haben und lieber jeweils in ihren Büros sitzen bleiben, kannst du in deiner Rolle als Führungskraft gemeinsam mit dem Team entdecken. Zumeist steckt mehr dahinter als gedacht.

Dieses Beispiel zeigt, dass ein zentraler wichtiger Aspekt für den Erfolg die Messbarkeit ist. Als Führungskraft kannst du mit deinem Team klare Kennzahlen definieren, um den Fortschritt in der Umsetzung eurer Ergebnisse und auf dem Weg eurer Transformation zu überprüfen. Ohne regelmäßige Erfolgskontrolle geraten viele Veränderungsprozesse in Gefahr, im Sand zu verlaufen.

Methodik-Tipp! Macht es euch nicht schwerer, als es ist. Eine gute Transparenz zur Zielerreichung und Einhaltung der Disziplin – in diesem Fall selbstständiges Umsetzen der zugesagten Inhalte –, liefert euch der Wert *% Fertigstellung der zugesagten Ergebnisse.*

Als Führungskraft benötigst du mit deinem Team keine weiteren Dashboards oder weitere Details. Wenn ihr im Team nach den grundlegenden Werten handelt, zeigt euch diese Kennzahl bereits nach wenigen Wochen mit voller Transparenz die Ergebnisse.

Die Erfahrung zeigt, dass Teams in den ersten Wochen dabei weniger abschließen als vorher gedacht. Das ist nichts Schlimmes. Bedenklich wird es, wenn ihr nicht darauf reagiert und diesen Weg ohne Reflexion weitergeht. Entdeckt gemeinsam die Hintergründe und Ursachen. Diese können vielseitig sein. Mit gelebten, spürbaren Grundsätzen der Zusammenarbeit und gemeinsamen Maßnahmen, die ihr sukzessive umsetzt, wirst du im Team eine Steigerung erleben – und deine Teams setzen die Ergebnisse wie am Fließband um.

Nur wer sich auf das Wesentliche fokussiert und diszipliniert an der Umsetzung arbeitet, kann nachhaltige Erfolge erzielen. Transformation ist kein Zufallsprodukt – sie erfordert eine konsequente Strategie und Durchhaltevermögen.

7. Zukunft gestalten

7.1. Diese Kriterien benötigt es

Albert Einstein sagte einst: *„Das Spiel ist die höchste Form der Forschung."* Dieser Satz beschreibt nicht nur die kindliche Neugier, sondern auch den kreativen Prozess, der für nachhaltige Veränderungen in der Arbeitswelt essenziell ist. Stellen wir uns vor, Kinder bauen gemeinsam eine Stadt mit vielen Türmen aus Bausteinen. Sie experimentieren, probieren aus, scheitern und lernen daraus. Was dabei entsteht, ist nicht nur ein Bauwerk und eine Stadt (ein System), die durch viele Abhängigkeiten ein ganzes Bild ergibt.

Im Tun und Spiel entsteht eine zentrale Erkenntnis: Jeder Turm und das gesamte System halten nur dann, sofern die Basis stabil ist und die Bausteine sinnvoll aufeinander abgestimmt sind. Dabei sind den Kindern - zumeist mehr als uns - die wesentlichen Kriterien für die geforderte Stabilität völlig klar. Sie haben aus den Erfahrungen und 1.000-fachem Ausprobieren für sich erkannt:

Begeisterung in der Umsetzung

Einfachheit

Klare Struktur

Eine Transformation können wir ebenso mit diesem Bild vergleichen. Gerade in einer Zeit voller Varianz und Möglichkeiten sind klare Strukturen und Einfachheit wesentliche Elemente für den Erfolg. Zu groß ist die Wahrscheinlichkeit, sich in einer Vielzahl von Abhängigkeiten zu verlaufen oder zu viel gleichzeitig zu wollen. Wir kennen den Ausgang bereits: Ineffizienz, gescheiterte Vorhaben, Unmut.

Die Möglichkeiten für eine gelungene Transformation bestehen aus einer Fülle verschiedenster Bausteine und Blöcke, die in den unterschiedlichsten Kombinationen aneinandergereiht werden können.

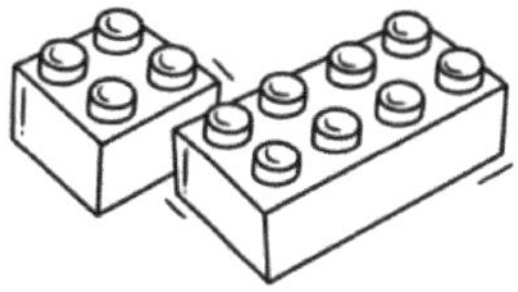

Eine Unzahl von Varianten, die wir in diesem Baukasten vorfinden. Wie beim Bau eines Spielturms geht es auch bei den drei Prinzipien für die Arbeitswelt der Zukunft - PEOPLE fit, PROJECT fit, STRATEGY fit - um viel mehr als nur um graue Theorie. Es geht darum, wie wir diese Bausteine für eine erfolgreiche und nachhaltige Struktur für Profitabilität und gelungene Zusammenarbeit in unserer Arbeit sinnvoll zusammenfügen. Eine perfekte Kombination ist der Schlüssel für ein stabiles, tragfähiges und nachhaltiges Fundament.

Bringen wir Ordnung in das System

... BAUKASTEN SORTIEREN

Indem wir den Baukasten sortieren und Ordnung ins System bringen, erkennen wir durch Logik, Ursache und Wirkung, was wirklich funktioniert. Stell dir vor, jeder Baustein, den wir heute setzen, ist ein wichtiges Element für eine starke Säule. Diese Säulen geben uns die Sicherheit, auf einem soliden Fundament zu bauen. Es geht uns dabei nicht um unnötige Komplexität, sondern um Leichtigkeit, Profitabilität und vor allem eine klare Struktur, die uns den Weg weist.

Es ist entscheidend, den Prozess in kleinen und mit konsequenten Schritten zu gehen. Jeden Tag kannst du mit einzelnen Bausteinen arbeiten - es geht um Einfachheit, Klarheit und das, was uns begeistert.

Doch sei dir bewusst: Jede Lösung ist nur dann effektiv, wenn du die einzelnen Bausteine miteinander sinnvoll verbindest. Einzelne Bausteine sind nur ein Teil einer gesamtheitlichen, wertschöpfenden Lösung – und genau diese möchtest du erreichen.

Was braucht es also, um diese Lösung vollständig zum Leben zu erwecken? Es sind die richtigen Elemente, die herausgegriffen und geschickt miteinander verknüpft werden müssen. Ohne diese ganzheitliche Verbindung bleibt der Erfolg aus. Wie beim Bau eines Turms gelten dieselben Prinzipien, die uns voranbringen. Es geht darum, das System zu verstehen, zu gestalten und in Bewegung zu setzen. Stück für Stück, mit klarer Struktur, Leichtigkeit und Begeisterung setzen wir die Bausteine, die uns ans Ziel führen.

Nur so entsteht eine nachhaltige Lösung, die in ihrer Gesamtheit funktioniert und uns unserem Ziel näherbringt. In deiner Rolle als Führungskraft kannst du damit für dein Team die Vorgangsweise eurer Transformation einfach und klar kommunizieren. In den vorangegangenen Kapiteln bin ich auf die Turbulenzen fehlgeschlagener Transformationen eingegangen. Im Kern steckt dabei ein Detail, das uns als Menschen prägt – wir mögen keine Überraschungen, außer es ist unser Geburtstag. Überraschungen fordern unseren Geist und Körper, sind wir doch noch vor Jahrhunderten bei ungeplanten Ereignissen in den für uns geeigneten Modus verfallen: Angriff, Stillstand, Rückzug.

Mit den drei klaren Schritten und Prinzipien ist euer Weg der Transformation sehr gut mit einer nachvollziehbaren Struktur, mit schnellen sichtbaren Erfolgen und im gemeinschaftlichen Handeln nachzuvollziehen. Überraschungen bleiben aus. Dieser rote Faden führt euch mit Leichtigkeit zum Ziel und zu sichtbaren Ergebnissen. Mach dich bereit, das System zu verstehen, zu gestalten und in Bewegung zu bringen. Jetzt geht es darum, die Bausteine zu setzen – Stück für Stück.

7.2. Das Muster einer Transformation

Bevor wir die einzelnen Bausteine zu einem Ganzen zusammenbauen, ist es wichtig zu verstehen, welche zeitlichen, nacheinander liegenden Abläufe in der Umsetzung der Transformation zu setzen sind. Ähnlich dem Bild des Turmbaus der Kinder benötigt es klare Bauphasen, damit in der Umsetzung keine Überraschungen erlebt werden.

Erfolgreiche Transformationen folgen daher einem klaren Muster. Basierend auf zahlreichen Umsetzungen und aus Erfahrungswerten haben sich dabei drei Phasen bewährt, um diese herausfordernden Transformationen nachhaltig, leichtgewichtig und effektiv umzusetzen.

Jede dieser Phasen hat einen wesentlichen Schwerpunkt: Fokus und Analyse, Synchronisation und Kooperation. Im Anschluss der Vorstellung dieser Phasen unterstützt dich eine Checkliste dabei, den aktuellen Stand deines Unternehmens zu analysieren.

a. Fokus – Analyse und Klarheit schaffen (AS-IS)

Bevor der erste Schritt einer Transformation gesetzt wird, steht eine schonungslose Bestandsaufnahme auf dem Programm. Wir hatten bereits das Motto „Hart zur Sache, weich zum Menschen!" angesprochen. In dieser Phase ist es enorm wichtig, dass es keine Zeit für das Verbiegen der Wahrheit zur vorherrschenden Form der Führung, Zusammenarbeit und Kommunikation gibt. Ohne eine ehrliche Analyse besteht die Gefahr, falsche Annahmen zu treffen und an den eigentlichen Problemen vorbeizuarbeiten.

Je offener die Teilnehmer in dieser Phase bereits die aktuelle Situation und ihre Wahrnehmung ansprechen, desto schneller entstehen in der

Umsetzung Erlebnisse, sodass ein wertschöpfender Wandel für dich und dein Umfeld bereits entstanden ist. Wichtige Inhalte dieser Phase sind dabei klare Ergebnisse, eine Analyse der aktuellen Situation und zugesicherte Ressourcen.

Ergebnisse und Zieldefinition

Klare, messbare Ergebnisse für die einzelnen Phasen setzen. Eine Form, die diese Definition und Sprache ergebnisorientiert und nachvollziehbar unterstützt:

<WO> + <WAS> = <WOZU> | ERGEBNIS

Beispiel: „Damit wir in der <WO> erreichen (Bereich, bessere Kommunikation, höhere Transparenz, flexiblere Organisation ...), werden wir <WAS> (konkret tun), damit wir <WOZU> (welches Ergebnis für die Menschen und für unser Unternehmen) erreichen."

Je eindeutiger und emotional begeisternd dieses < Wozu > ist und die erwarteten Ergebnisse pro Phase bereits in diesem ersten Schritt kommuniziert werden, desto mehr wird bereits hier eine Klarheit für alle Beteiligten bereitgestellt. Zudem werden durch diese Arbeitsweise bereits wichtige Elemente sichtbar und erlebbar: volle Transparenz, ein klares Wozu und eine emotional begeisternde Ergebnissprache.

b. Assessment und Überprüfung

Ein unbedingtes Muss in dieser Phase sind persönliche Interviews (Assessment-Gespräche) und Feedbackrunden mit einer größtmöglichen Anzahl der Beteiligten aus unterschiedlichen Verantwortungs- und Organisationsbereichen.

Durch diese Gespräche erhält man zumeist einen sehr guten Einblick und eine Wahrnehmung, wo aktuell der Schuh wirklich drückt. Sehr oft erlebe ich in diesen Gesprächen eine große Vertrautheit und Offenheit.

Man erlebt in diesem ersten Kontakt und im Dialog bereits unterschiedliche Situationen zum bevorstehenden Transformationsvorhaben. In dieser Phase ist es vor allem wichtig, zuzuhören - ohne Wertung und schneller Interpretation. Schon gar nicht ist es ratsam, direkte Kurzschlusshandlungen aus diesen Gesprächen abzuleiten. Die wertvollen Inhalte aus diesen Gesprächen sind ein zentrales Element, um in den kommenden Phasen und Schritten die richtigen Bausteine aneinanderzureihen und die entsprechenden richtigen Schwerpunkte zu setzen. Statt Lösungsansätzen von Transformationen like „One-size-fits-all" unterstützen diese Gespräche wesentlich für den Einblick, bei welchen Schritten auf dem Weg der Transformation bereits hohe Abdeckungen und wertvolle Ergebnisse vorliegen und in welchen Bereichen noch Lücken oder gar große Löcher bestehen, die noch gar nicht abgedeckt sind.

Fragestellungen, die in diesen Assessments und Dialog-Settings dabei unterstützend sind:

- Wo steht das Unternehmen aktuell aus deiner Sicht?
- Welche Herausforderungen gibt es?
- Welche Ziele und Ergebnisse wünschst du dir von diesem Vorhaben?
- Was läuft aus deiner Sicht nicht?
- Was soll unbedingt erhalten bleiben und ist wertvoll?

Ressourcenbereitstellung: In der Vorbereitung auf eure Transformation gilt es sicherzustellen, dass alle Teams und Bereiche für den Start über die nötigen Mittel verfügen und alle im Boot sind. In dieser Phase zeigt sich bereits, ob der Start einer solchen Transformation überhaupt die nötige Aufmerksamkeit erhält und der Zeitpunkt schon gegeben ist.

Gerade in stark entwicklungs- und dienstleistungslastigen Unternehmen kommt es in diesem Moment oft zu ersten Konflikten.

Häufig erlebt man in den Erstgesprächen Sätze wie „Jetzt ist nicht der richtige Zeitpunkt dafür!"

„Es ist immer der richtige Zeitpunkt, um das Richtige zu tun."
[Martin Luther King Jr.]

Weghören und Ignorieren von diesen Statements ist nicht der sinnvollste Zugang. Wichtig ist für dich als Führungskraft auf die Gründe dieser Konflikte einzugehen und zusammen mit deinen Kollegen einen Weg zu finden, wie der Start eures Weges vereint und mit hoher Wertschöpfung erfolgen kann. Eine Frage, die dabei hilft: „Was muss passieren, damit es jetzt der richtige Zeitpunkt ist?" Eine weitere Möglichkeit, den Austausch in der Gruppe zu fördern und ein gemeinsames Verständnis über die Hintergründe aufzubauen, besteht darin, das Setting durch einen Communologue zu unterstützen.

Methodik-Tipp: Der Communologue ist eine Technik oder Methode für effektive Kommunikation innerhalb und zwischen Gruppen. Die Werkzeuge des Communologue unterstützen das. Einen Link zum Download des Methodik-Leitfadens findest du im Kapitel *Goodies und nächste Schritte*.

Bewusstes Zuhören, ein tieferes Verständnis und ein bewussteres Ausdrücken eigener Ideen. Die Grundannahme dieses Kommunikationsprozesses ist, dass Themendiskussion und Themenentwicklung innerhalb eines unterstützenden, respektvollen und sicheren Umfelds zu Ergebnissen führen, die von allen Beteiligten als produktiv und befriedigend erlebt werden.

Gruppendiskussionen auf dem Prinzip „Wer hat recht" führen häufig zur Unzufriedenheit, Ergebnislosigkeit und weiterführenden Spannungen. Grundlagen des Communologue sind Sicherheit und Respekt für andere Meinungen. Dies fördert Kreativität, Innovation und Lösungen, die in einem konkurrierenden Diskussionsumfeld in der Regel wesentlich schwerer gefunden werden können.

c. Synchronisation: Strukturierte Umsetzung und konsequente Steuerung

Nachdem die Analysephase abgeschlossen ist, geht es an die Umsetzung. Hier ist es entscheidend, klare Strukturen und Verantwortlichkeiten zu definieren. Wer ist für welche Aufgaben zuständig? Welche Ergebnisse möchten erreicht werden? Wie wird sichergestellt, dass eine durchgehende Transparenz gegeben ist und der Fortschritt kontinuierlich überprüft werden kann? Wer ist im Lead und hat die Vision im Kopf - und wer ist in der Umsetzung mit dabei?

Zentrale Schwerpunkte in dieser Phase sind:

- **Offene Kommunikation:** Transparenz in allen Bereichen fördern.
- **Klare Rollen:** Jeder Mitarbeiter kennt die eigene Verantwortung.
- **Teamentwicklung:** Gemeinsame Workshops und Teambuilding-Maßnahmen stärken den Zusammenhalt.

All diese Überlegungen müssen unbedingt im Vorfeld getroffen werden. Wie beim Bau eines Turms im Spiel der Kinder sind die Verantwortungen und Rollen klar geregelt. Zudem liegt für alle Beteiligten ein grober Bauplan für die einzelnen Stufen bereit.

7.3. Kooperation: Stabilisierung und nachhaltige Verankerung

Die größte Herausforderung bei Transformationsvorhaben ist nicht der Start, sondern die langfristige Verankerung der neuen Arbeitsweisen und des Handlungsrahmens. Viele Unternehmen fallen nach einer erfolgreichen Implementierung nach kurzer Zeit wieder in alte Muster zurück. Um dieser Situation vorzubeugen, müssen die neuen Handlungsabläufe und Werte durch tagtägliches Tun und Erleben gefestigt werden.

Dabei ist es essenziell, dass Führungskräfte und Mitarbeiter regelmäßig in voller Transparenz mitgenommen und Erfolge sichtbar gemacht werden. Um diese Kommunikation auf allen Ebenen zu unterstützen, kannst du als Führungskraft diese wertvollen Maßnahmen setzen:

- **Interdisziplinäre Zusammenarbeit stärken:** Unterschiedliche Fachbereiche zusammenführen
- **Digitale Kooperationsplattformen aufbauen:** Tools für den Informationsaustausch einsetzen
- **Kultur der Kooperation:** Zusammenarbeit belohnen und wertschätzen und gemeinsam kleine wie große Erfolge feiern.

Dieser regelmäßige Austausch über alle Phasen sichert euch das Know-how zu den bereits umgesetzten Maßnahmen, und zudem entsteht dadurch automatisch eine Multiplikation. Je mehr Mitarbeiter ihr auf diesem Weg mitnimmt, zu begeisterten Beteiligten macht und informiert, desto mehr entsteht eine stabile Verankerung in eurem Unternehmen.

Diese Struktur hat sich in zahlreichen Unternehmen und bei Transformationen seit über einem Jahrzehnt als sinnvoll gezeigt. Sie hilft dabei, den Wandel zur Arbeitswelt der Zukunft klar und mit hoher Transparenz für alle Beteiligten zu gestalten.

Durch die Phasen werden in kurzer Zeit nachhaltige Ergebnisse erzielt, die sofort für die handelnden Personen spürbar werden. Diese wiederkehrenden Erfolgserlebnisse stärken besonders in Zeiten größerer Herausforderungen den Wunsch, in der Umsetzung der Transformation weiterzugehen. Unternehmen, die diesen Ansatz verfolgen, vermeiden das Chaos unkoordinierter Veränderungsprojekte und schaffen eine stabile Grundlage für zukünftigen Erfolg.

7.4. WakeUP! Checkliste zur Analyse eurer aktuellen Organisationsstruktur

Ein systematischer Transformationsprozess, der auf Fokus, Synchronisation und Kooperation basiert, legt den Grundstein für nachhaltigen Erfolg. Mit der vorliegenden Checkliste kannst du den Istzustand deines Unternehmens evaluieren und gezielt Optimierungspotenziale identifizieren.

FOKUS

- o Sind die Ziele klar definiert und messbar?
- o Wird der Fokus von und mit dem Team regelmäßig überprüft?

SYNCHRONISATION

- o Gibt es eine offene und transparente Kommunikationskultur?
- o Sind Rollen und Verantwortlichkeiten eindeutig verteilt?
- o Gibt es geeignete Events und Möglichkeiten für den persönlichen Austausch?

KOLLABORATION

- o Nutzen interdisziplinäre Teams Synergien weit über die eigene Organisationseinheit hinweg?
- o Unterstützt die Unternehmenskultur Offenheit und Vertrauen?
- o Wie gut ist der Arbeitsplatz - physisch und digital - auf Zusammenarbeit ausgerichtet?

7.5. Ganzheitlicher menschenzentrierter Handlungsrahmen

Unternehmen sind lebendige Systeme. Ihr Erfolg hängt maßgeblich von den Menschen ab, die darin arbeiten, und von der Verbindung ihrer Fähigkeiten. Wenn es gelingt, dass Mitarbeitende ihre Leidenschaft (Herz), ihr Wissen (Hirn) und ihr Können (Hand) vereinen, entstehen unschlagbare Teams. Diese Teams erzielen außergewöhnliche Ergebnisse - weit über das hinaus, was wir uns zuvor vorstellen konnten.

Damit dieser „Flow" entsteht – mit klarer Ausrichtung und Fokus auf die Umsetzung - braucht es einen ganzheitlichen, menschenzentrierten Handlungsrahmen. Dieser Rahmen berücksichtigt alle entscheidenden Ebenen, um maximale Effizienz, hohe Profitabilität und engagierte Teams zu gewährleisten:

1) Mensch und Werte
2) Prinzipien und Praktiken
3) Methodik und Tools

Diese Ebenen bilden eine Einheit – vergleichbar mit einem Turm, dessen Bausteine präzise aufeinander abgestimmt und zur richtigen Zeit verbunden werden müssen.

a. Mensch und Werte

Um eine Transformation gelungen umzusetzen, ist es wichtig, eine klare Definition der Unternehmensprinzipien zu haben. Dabei ist eine regelmäßige Überprüfung, ob die Entscheidungen und die Form der Kommunikation, Führung und Zusammenarbeit im Einklang mit diesen Prinzipien stehen.

Als Führungskraft ist es deine Aufgabe, deine Mitarbeiter wiederholt auf diese Werte hinzuweisen, damit sie diese Werte verstehen und danach handeln können. In deiner Rolle hast du wesentlichen Einfluss darauf, diese Werte vorzuleben und bei Abweichungen von diesen darauf klar hinzuweisen. In einem ganzheitlichen, menschenzentrierten Handlungsrahmen sind Menschen und Werte verbunden. Es wird darauf geachtet, welche Menschen und Werte, Charaktere das Unternehmen tragen und ob diese gelebt und tagtäglich spürbar sind. Sichtbar werden diese Prinzipien durch klare Entscheidungsfindung, höhere Glaubwürdigkeit, Vertrauen und stärkere Unternehmenskultur.

b. Praktiken und Prinzipien

Praktiken sind die gelebten Verhaltensweisen im Unternehmen, die sich in den Prinzipien widerspiegeln und die Unternehmenskultur prägen. Einige bekannte darunter sind „Entscheidungen werden innerhalb von 24 Stunden getroffen" oder „Wir sprechen bei zwischenmenschlichen Problemen immer miteinander, nicht übereinander". Diese Prinzipien können von dir als Führungskraft durch aktives Zuhören und Dialog auf allen Ebenen gefördert werden. Im Zuge von ganzheitlichen Transformationen wird sehr schnell sichtbar, welche Prinzipien und Praktiken unterstützend erlebt, täglich umgesetzt oder gar nicht gelebt werden.

c. Methoden und Tools

Methoden und Tools unterstützen die Umsetzung der Praktiken und helfen, die gesteckten Ziele zu erreichen. In der Einführung von agilen Methoden wie Scrum, Lean oder Kanban werden physische wie virtuelle Visualisierungstools genutzt, um die Transparenz von Fortschritten und Ergebnissen sichtbar zu machen.

Achtung: Wenn du dich als Führungskraft nur auf eine dieser Ebenen konzentrierst, wirst du lediglich Teilaspekte optimieren. Das führt schnell zu isolierten Lösungen, die nicht nachhaltig sind und die gewünschten Ergebnisse verfehlen!

Der Schlüssel zu einer erfolgreichen Transformation liegt darin, diese Ebenen in einer definierten Reihenfolge sinnvoll und gut zu verknüpfen und sie aus der Perspektive der handelnden Personen zu betrachten. Damit entstehen eine optimale Verbindung und eine hohe Stabilität, die sich in sichtbaren Erfolgen zeigen.

Unser Ziel ist klar: maximale Profitabilität und begeisterte Mitarbeitende. Jetzt ist der perfekte Zeitpunkt, um die Transformation zu starten. Lass uns gemeinsam loslegen!

8. Die drei Schritte und Prinzipien

8.1. Überblick – PEOPLE fit, PROJECT fit, STRATEGY fit

Nachdem wir uns jetzt ein Bild zum allgemeinen Bauplan, den Phasen und Ebenen gemacht haben, kommen wir jetzt auf den Kern für Transformationen - die drei wesentlichen Schritte und Prinzipien, die einen solchen Wandel für eine zukunftsfähige, profitable und begeisternde Arbeitswelt ermöglichen. Bei der Gestaltung der Transformation in die Arbeitswelt der Zukunft ist diese auf ein solides Fundament angewiesen.

Hierfür benötigt es den Fokus auf diese essenziellen Prinzipien:

- **Prinzip 1 - PEOPLE fit**
Die Basis für nachhaltige Transformation

- **Prinzip 2 - PROJECT fit**
Stärkung der Verantwortlichkeiten und erfolgreiche Umsetzung

- **Prinzip 3 - STRATEGY fit**
Langfristige Sinnstiftung und strategische Ausrichtung

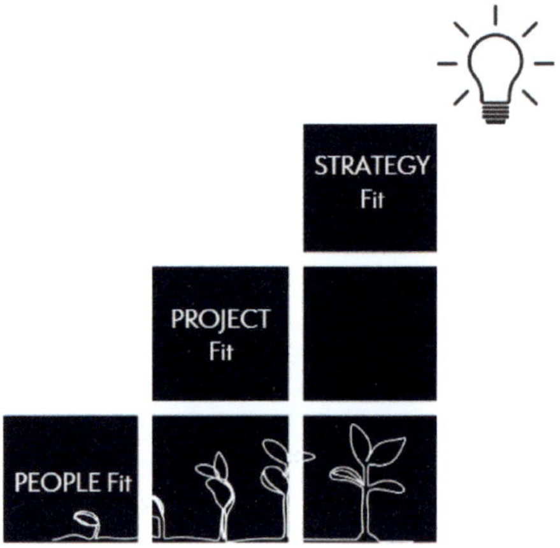

Diese drei Prinzipien bilden die Säulen, um ein Unternehmen erfolgreich, stabil und zukunftsfähig auszurichten, und stellen die einzelnen Schritte des Bauplans dar. Unternehmen, die diese Prinzipien verinnerlichen und sinngebend kombinieren, schaffen nicht nur eine produktive, sondern auch eine profitable und inspirierende Umgebung, in der Menschen gerne arbeiten und Innovationen vorantreiben.

8.2. Schritt und Prinzip 1 – PEOPLE fit

Talente nützen | Der erste und wichtigste Baustein ist der Mensch. Ohne ein starkes Fundament aus Motivation, Begeisterung und Kompetenzen können Transformationsvorhaben und Projekte nicht nachhaltig erfolgreich sein.

In vielen Unternehmen schlummern viele Fähigkeiten und Talente unentdeckt. Zum einen ist es durch unsere 1:1 Zuweisung von Menschen in Organisations- und Tätigkeitsbereiche gegeben. Zum anderen, dass wir außerhalb der beruflichen Aufgaben gar nicht die Potenziale kennen, die in den einzelnen Menschen verborgen sind.

Im Prinzip PEOPLE fit geht es nicht darum, reine Methoden einzuführen oder Strukturen zu verändern, sondern darum, den Menschen Raum zu geben, sich mit ihren einzigartigen Fähigkeiten einzubringen.

„Wenn Unternehmen menschliche Potenziale und KI nicht in bester Balance nutzen, gefährden Fachkräftemangel und Generationenwandel essenziell den nachhaltigen Erfolg.“

[OECD (5/2023), DIHK 2022[39]), Babyboomer-Generation, Fachwissen geht verloren]

Nur so können verborgene Potenziale freigesetzt werden, die zu einer erfolgreichen Transformation führen. Aus zahlreichen Organisationen gibt es leuchtende Beispiele dafür, wie wertvolle Talente in den unwahrscheinlichsten Ecken eines Unternehmens gefunden werden können, wenn der Mensch im Mittelpunkt steht und Transformation authentisch gestaltet wird. Eine von vielen konnte ich selbst vor Jahren erleben.

In einem mittelständischen Unternehmen arbeitete eine alleinerziehende Mutter in der Logistikabteilung. Was dabei viele nicht wussten, war ihre eigentliche Profession – sie war vor der Geburt ihres Kindes viele Jahre als Abteilungsleiterin im Bereich des Finanzcontrollings tätig. Durch Umwege in ihrem Leben entschied sie sich aus familiären Gründen dafür, eine Tätigkeit wahrzunehmen, in der klare Arbeitszeiten zugesichert waren und sie in Form ihrer Teilzeittätigkeit eine gute Balance für sich, ihre Familie und ihr Kind finden konnte. Zu unplanbar waren die Meetings und erforderlichen Tätigkeiten in ihrem vormaligen Job. Bis auf wenige Kollegen in diesem Unternehmen waren ihre berufliche Vergangenheit und die Gründe für ihren Wechsel wenig bekannt. Ein schlummerndes Talent, das aufgrund traditioneller Organisations- und Arbeitszeitstrukturen nicht sichtbar war. Bei einem Teamevent und Dialograum kam es dann zum Austausch. Das Event war in einer Art Marktplatz aufgebaut, und Kollegen aus den unterschiedlichsten Bereichen stellten ihre Aufgaben vor. Das Ziel war, ein gemeinsames Verständnis über die unterschiedlichen Fachbereiche hinweg zu stärken. Neben den Marktständen der Produktion, Logistik und anderen Abteilungen fand sich die Abteilung Finanz- und Controlling. Im persönlichen Kontakt mit den Mitarbeitern dieses Bereichs fand ein Kollege heraus, dass diese bereits seit Längerem versierte Bewerber für diesen Bereich suchten, leider bisher ohne Erfolg.

Der Mitarbeiter hatte die zündende Idee: Er initiierte das Gespräch mit der Kollegin aus der Logistikabteilung, und kurzerhand wurde eine Lösung für alle Beteiligten gefunden. Das Unternehmen fand sehr schnell eine Lösung, wie die Kollegin ihre Flexibilität für ihre Familie und privates Umfeld erhalten konnte, und ist seitdem in beiden Bereichen tätig. Einerseits im Bereich der Finanzen, andererseits im Bereich der Logistik. Dieses Splitting war ihr persönlich wichtig – sie wollte weiterhin mit ihren Kollegen in den einzelnen Fachabteilungen zusammenarbeiten und diese Abwechslung machte ihr große Freude. Quasi eine Win-Win-Win-Situation.

Das Unternehmen konnte eine wertvolle Mitarbeiterin bestärken und im Unternehmen halten, der Finanzbereich konnte durch sie die langwierige Suche nach neuem Personal einstellen und die Mitarbeiterin kann ihre verschiedensten Fähigkeiten begeisternd einbringen.

Solche Geschichten zeigen, dass Menschen mit ihren individuellen Stärken entdeckt und gefördert werden müssen, um wahre Wertschöpfung zu erzeugen. Begeisterung und Empowerment sind hierbei zentrale Elemente. Wer sich eingebunden und gehört fühlt, bringt sich aktiv ein und treibt die Transformation mit voran.

Als Führungskraft hast du damit einen starken Hebel in der Hand, um dein Team zu begeistern, damit sie proaktiv ihre vielseitigen Fähigkeiten einsetzen können. Der erste Schritt einer gelungenen Transformation - entdeckt, erkennt und nutzt eure vorhandenen Potenziale.

8.3. Schritt und Prinzip 2 – PROJECT fit

„Die richtigen Projekte richtig tun“ | Das zweite Prinzip und der nächste Schritt eurer erfolgreichen Transformation setzt den Fokus auf die Umsetzung der richtigen Projekte. Nachdem die Menschen in den Transformationsprozess eingebunden wurden, ist der entscheidende Schritt, sich auf jene Projekte zu konzentrieren, die echten Mehrwert schaffen. In vielen Unternehmen gibt es zu viele parallele Projekte, was zu Ineffizienz und Überforderung führt.

Die Kunst liegt darin, den Fokus auf diejenigen Initiativen zu legen, die einen klaren und messbaren Nutzen für das Unternehmen bringen. Ein essenzielles Werkzeug für diese Phase ist eine klare Kommunikation.

Feedback und Coaching sind essenziell, um Teams zu befähigen, Verantwortung zu übernehmen und proaktiv zu handeln. Nur durch transparente Gespräche können alle Beteiligten verstehen, warum bestimmte Projekte priorisiert werden und wie sie zum übergeordneten Ziel beitragen. Offenes Feedback ist genauso wichtig, um kontinuierlich zu lernen und sicherzustellen, dass alle Teammitglieder die richtigen Entscheidungen treffen können. Coaching hilft dabei, die Teams zu befähigen, Verantwortung zu übernehmen und proaktiv zu handeln – der Schlüssel zu einer erfolgreichen und nachhaltigen Umsetzung.

Ein weiterer entscheidender Faktor ist die konsequente Ausrichtung auf messbare Ergebnisse und transparente Entscheidungen. Transparente Entscheidungen und eine bewusste Fokussierung auf messbare Ergebnisse sorgen dafür, dass nicht Quantität, sondern Qualität den Erfolg bestimmt.

Dies stellt sicher, dass Qualität vor Quantität geht. Anstatt sich in einer Vielzahl an Projekten zu verlieren, wird gezielt an denen gearbeitet, die wirklich etwas bewegen und den gewünschten Erfolg bringen. Unternehmen, die diesen Ansatz verfolgen, erleben oft einen positiven Paradigmenwechsel. Teams werden produktiver, arbeiten effizienter und verbessern ihre Zusammenarbeit mit Lieferanten.

Auch die Kunden nehmen die Veränderungen positiv wahr, was sich in einer verbesserten Wahrnehmung des Unternehmens widerspiegelt.

Für diesen positiven Outcome dieser Fokussierung auf die richtigen Projekte richtig tun, gibt es zahlreiche Beispiele aus der Praxis. Unternehmen erleben eine massiv beschleunigte Umsetzung in ihren Projekten. Dabei werden teilweise massive Reduzierungen der Projektdurchlaufzeiten von 60 auf 24 Wochen erlebt.

In diesen Momenten der Transformation entstehen sehr bewegende Situationen und Aussagen:

„... nicht nur das Projektteam war sehr stolz, sondern auch die Geschäftsleitung war sichtlich gerührt."

[Benedikt Kersting, Gustav Hensel GmbH, AGILean Coach]

Der Fokus auf die richtigen Projekte - unterstützt durch klare Kommunikation, Feedback, Coaching und eine messbare Zielorientierung - ist ein zentrales Prinzip erfolgreicher Transformationen. Indem Unternehmen ihre Energie auf das Wesentliche konzentrieren, schaffen sie die Basis für eine nachhaltige Weiterentwicklung und erzielen langfristigen Erfolg.

8.4. Schritt und Prinzip 3 – STRATEGY fit

Die gemeinsame Strategie gestalten und umsetzen | Der letzte Schritt auf dem Weg zu einer nachhaltigen Transformation und einer zukunftsfähigen Arbeitswelt ist die Gestaltung einer gemeinsamen Strategie.

In vielen Unternehmen entsteht die Strategie häufig nur auf dem Papier. Es werden unzählige PowerPoint-Präsentationen verteilt und Kennzahlen durch den „Fleischwolf" gedreht. Doch sobald die Besprechungen und Strategie-Workshops vorbei sind, verlieren die angedachten Maßnahmen und Visionen oft ihre Bedeutung. Was ist der Grund dafür?

Denk einmal zurück an ein Meeting oder einen Vortrag, der nur auf PowerPoint und Zahlen-Daten-Fakten basierte. Es ist wenig Begeisterung im Raum und die Stimmung ist vergleichbar mit einem Ruheraum im Spa-Bereich. Wie viel von den Inhalten hast du dir gemerkt? Erinnerst du dich an viele Details oder ist das Bild eher verschwommen? Wahrscheinlich Letzteres. Nicht viel von den Inhalten ist hängen geblieben.

Unser Gehirn ist darauf programmiert, Ressourcen effizient zu nutzen, insbesondere um Energie zu sparen und die kognitiven Ressourcen zu schonen. Es reagiert auf eingehende Reize in erster Linie nach einem evolutiv entwickelten Muster, das es uns ermöglicht, schnell und ohne großen Aufwand zu entscheiden, welche Informationen für uns wichtig sind. Dies geschieht in Sekundenschnelle und basiert auf Mechanismen, die tief in unserem Gehirn verankert sind. Wenn kein unmittelbarer Alarm (wie bei Angst oder Bedrohung) oder starkes Interesse (wie bei Begeisterung) ausgelöst wird, speichert das Gehirn diese Informationen in der Regel nicht dauerhaft. Stattdessen läuft eine automatische Bewertung der eingehenden Reize ab, die von mehreren Gehirnregionen gesteuert wird – darunter das limbische System (für Emotionen), der präfrontale Kortex (für Entscheidungsprozesse) und der Hippocampus (für Gedächtnisbildung).

Das Gehirn bewertet neue Informationen anhand folgender Kriterien:

1. **Gefahr – ja/nein:** Wird die Information als potenzielle Bedrohung wahrgenommen, aktiviert das Gehirn die Amygdala, die für die Verarbeitung von Emotionen zuständig ist. Wird keine Gefahr wahrgenommen, wird die Information als irrelevant eingestuft und schnell wieder verworfen.

2. **Bekannt – ja, keine Relevanz:** Wenn das Gehirn eine Information als bekannt einstuft, wird sie vom Hippocampus in eine bekannte Kategorie eingeordnet und hat weniger Relevanz für eine tiefergehende Verarbeitung. Es wird weniger Energie darauf verwendet, diese Informationen zu speichern.

3. **Unbekannt – grobe Bewertung nach bekannten Mustern:** Bei unbekannten Informationen aktiviert sich der präfrontale Kortex, um sie mit bereits bestehenden Mustern oder Erfahrungen abzugleichen. Dies geschieht in einer sehr schnellen, aber oberflächlichen Art und Weise. Ohne emotionale Relevanz, ohne wirkliches Erlebnis und Begeisterung bleibt diese Information meistens oberflächlich gespeichert.

4. **Wiederholbarkeit – gegeben:** Informationen, die in der Vergangenheit wiederholt wurden oder mit bekannten Kontexten verbunden sind, werden vom Gehirn als potenziell nützlich eingestuft und eher im Langzeitgedächtnis verankert. Hierbei spielen das Belohnungssystem und die Dopaminausschüttung eine wichtige Rolle.

5. **Vergessen:** Alle anderen Informationen, die diese Kriterien nicht erfüllen, werden schnell aus dem Arbeitsgedächtnis verworfen. Der Hippocampus speichert sie nicht langfristig, weil sie als nicht relevant für unser Überleben oder unsere Lebensqualität eingeschätzt werden.

Deshalb bleibt die Information aus PowerPoint-Präsentationen und ähnlichen Formaten in der Regel nicht hängen.

Unser Gehirn geht während jeder Folie durch diesen Bewertungsprozess: sehen - klicken - weg, sehen - klicken - weg, sehen - klicken - weg. Das passiert nicht nur mit Powerpoints, sondern auch, wenn das Flipchart auf die nächste Seite umgeblättert wird.

Es passiert schnell und ohne emotionale Relevanz, sodass die Informationen ohne tiefergehende Verarbeitung und ohne die Aktivierung relevanter Gehirnregionen schnell wieder verschwinden. Ohne einen emotionalen oder relevanten Trigger bleibt die Information nicht im Langzeitgedächtnis haften.

Damit eine Strategie tatsächlich lebendig wird, muss sie transparent, nachvollziehbar, begeisternd und sinnstiftend sein. Es geht nicht nur darum, Ziele zu definieren, sondern vor allem darum, diese für alle Beteiligten greifbar und verständlich zu machen. Dabei hilft beispielsweise die Transparenz durch gemeinsam erstellte Flipcharts, grafisch unterstützte Metawände oder digitale Boards, die während der Erstellung im Raum verteilt aufgehängt und zur Verfügung gestellt werden. Der Vorteil dabei ist, dass diese Informationen weiterhin für unser Gehirn verfügbar sind und wir durch die sichtbaren Informationen einen roten Faden für uns abspeichern können. Unternehmen, die es schaffen, ihre Strategie durch ansprechende Momente erlebbar zu machen, schaffen nicht nur eine Arbeitswelt, in der Engagement und nachhaltiger Erfolg Hand in Hand gehen, sondern auch eine Kultur, in der Strategien Teil des Handelns sind - sichtbar im täglichen Tun und in den Ergebnissen für Führungskräfte und Mitarbeiter.

Methodik-Tipp: Um dieses gemeinsame Kreieren und Erarbeiten lebendig zu unterstützen, haben sich in den letzten Jahren vor allem sogenannte Big Room Plannings als sehr wertvoll erwiesen. Diese Sessions stellen eine kollaborative Methode dar, bei der alle relevanten Teilnehmer gemeinsam in einem Raum arbeiten, um Strategien und klare Ziele zu entwickeln. Dieses Format fördert sehr wesentlich die Transparenz, direkte Kommunikation und schnelle Entscheidungsfindung.

Für eine gelebte und umgesetzte Strategie sind die positiven Erfahrungen der ersten beiden Stufen - PEOPLE fit und PROJECT fit - entscheidend. Sie verstärken sich gegenseitig und sorgen somit für eine langfristige, nachhaltige Begeisterung in der Organisation. In solchen Momenten hört man Sätze wie „Wann gibt es endlich den nächsten Forecast und die nächste Runde zur Strategie? Ich freue mich darauf, das wird wieder genial."

Solch eine Begeisterung ist der Schlüssel, um Strategie nicht nur zu formulieren, sondern auch in der Praxis zu leben und nachhaltig umzusetzen.

9. Transformation NOW!

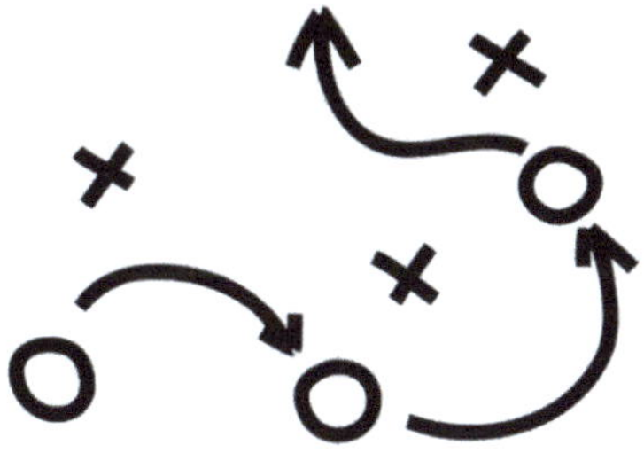

9.1. Legen wir los – Stabilität sichern!

Erinnerst du dich noch an die Zeit, als du als Kind mit Lego-Technik gebaut hast? Man hat die Teile in die Hand genommen, zusammengefügt und plötzlich entstand etwas Großes und Spannendes. Genauso gehen wir es jetzt an - gemeinsam bauen wir etwas Großes, und zwar einen ganzheitlichen, menschenzentrierten Handlungsrahmen.

Auf den folgenden wenigen Seiten setzen wir die vorangegangenen Inhalte zusammen. Mit dieser Roadmap hast du als Führungskraft einen klaren Fahrplan für dich und dein Team und ihr könnt sofort in die Umsetzung gehen.

9.2. Jeder Turm hält nur mit einer guten Verbindung

Nun ist es an der Zeit, uns gemeinsam auf die Rahmenbedingungen zu verständigen, wie wir diese Türme bauen und wie wir sie miteinander verbinden, damit du genau weißt, wie du mit dem ersten Schritt loslegen kannst.

Damit alles gut funktioniert, hat jeder Turm - PEOPLE fit, PROJECT fit, STRATEGY fit - seinen besonderen und eigenen Bauplan. Wenn wir diese Türme zusammenbauen, dann geht es nicht nur um die bloße Struktur, sondern auch um die Art und Weise, wie wir die einzelnen Elemente zusammenfügen.

Wie beschrieben, sind dafür die verschiedenen Ebenen notwendig: Methodik und Tools, Praktiken, Prinzipien sowie der Mensch und seine Werte.

Jeder einzelne Turm benötigt genau diese Ebenen, um ein stabiles, zentrales System zu bilden. Diese Ebenen müssen miteinander verbunden werden, damit das Gesamtsystem funktioniert.

Wie bereits erwähnt, sind die Ebenen nach ihrer Wichtigkeit geordnet. Die erste und wichtigste Ebene ist dabei < Mensch und Werte >. Erst wenn diese Grundlage stimmt, können die Prinzipien und Praktiken aufgebaut werden, und erst dann werden die Methodik und die Tools sinnvoll eingesetzt. Genau diese Ebenen werden wir für jeden Turm Schritt für Schritt und in einer klaren zeitlichen Abfolge zusammenbauen.

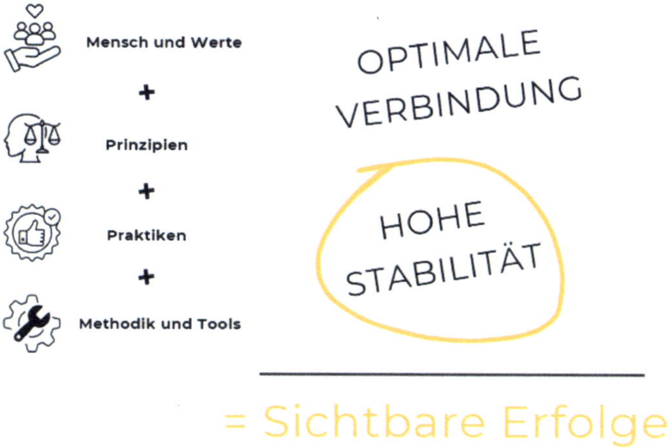

Packen wir es an und beginnen mit dem ersten Schritt PEOPLE fit. Dieser erste Schritt ist entscheidend – er setzt die wichtige Grundlage für alles Weitere. Es geht um Begeisterung und Empowerment, um Motivation und Energie aufzubauen, die den gesamten Transformationsprozess tragen werden.

Wenn du diesen Schritt überspringst, wirst du massive Schwierigkeiten im weiteren Verlauf der Transformation haben – sowohl bei PROJECT fit als auch bei STRATEGY fit. Die essenziellste erste Stufe ist deshalb der PEOPLE fit. Denn hier stehen die Menschen, ihre Inspiration und Transparenz im Zentrum. Sobald diese Basis geschaffen ist, kann die Transformation nachhaltig und erfolgreich gestaltet werden. Nachdem wir nun Ordnung in unseren Baukasten gebracht und alle Elemente sortiert haben, legen wir los und fügen die einzelnen Elemente mit einem klaren Ablauf zusammen.

9.3. PEOPLE fit – der Mensch als Fundament nachhaltiger Transformation

Die Bedeutung von PEOPLE fit

In unserer Welt des rasanten Wandels stehen wir vor den Herausforderungen, unsere Strukturen an neue Gegebenheiten anzupassen, ohne dabei die wertvollste Ressource aus den Augen zu verlieren: die Menschen. PEOPLE fit ist der erste und wichtigste Schritt eines nachhaltigen Transformationsprozesses und bildet die Grundlage für langfristigen Erfolg. Dabei geht es nicht nur um ein harmonisches Arbeitsumfeld, sondern um eine tiefgehende Verankerung von Menschen und Werten in der Unternehmensstrategie. Die Umsetzung von PEOPLE fit erfordert eine bewusste Wahrnehmung und einen unvoreingenommenen Blick auf bestehende Strukturen.

Teams begeistern - gemeinsam Erfolge leben

Ein Unternehmen ist nur so stark wie sein Team. Doch wie schafft man es, Teams für Veränderungen zu begeistern und sie aktiv in den Transformationsprozess einzubinden? Der Schlüssel liegt in der richtigen Unternehmenskultur. Eine Kultur, die auf Offenheit, Wertschätzung und Zusammenarbeit basiert, sorgt dafür, dass Mitarbeiter sich mit dem Unternehmen identifizieren und aktiv zum Erfolg beitragen.

Dabei ist die Begeisterung der Teams der Motor jeder erfolgreichen Transformation. Das Prinzip PEOPLE fit setzt den Fokus auf die zentralen Elemente, damit durch Wertschätzung, klare Kommunikation und gezielte Motivationsstrategien ein starkes, engagiertes Team aufgebaut wird.

Wichtige Faktoren dafür, um Begeisterung in Teams zu entfachen:

- **Sinnhaftigkeit**: Menschen möchten nicht nur arbeiten, um Geld zu verdienen - sie wollen einen Beitrag leisten. Es ist daher wichtig, dass du als Führungskraft deinen Mitarbeitern klar kommunizierst, welchen Wert ihre Arbeit hat und wie sie zum großen Ganzen beiträgt.

- **Einbindung**: Veränderungen sollten nicht von oben herab verordnet werden. Teams müssen aktiv in den Prozess eingebunden werden, damit sie sich mit den neuen Strukturen identifizieren können. Gerade die aktive Beteiligung ermöglicht vieles: Die Stärkung der Eigenverantwortung und die Disziplin, sich auf die eigenen Füße zu stellen, wenn es in eine Richtung geht, von der man selbst noch nicht überzeugt ist.

- **Erfolgserlebnisse und Wertschätzung**: Auch kleine Erfolge müssen gefeiert werden. Das gibt den Teams Motivation und zeigt ihnen, dass ihre Arbeit geschätzt wird.

Wertschätzung ist darüber hinaus ein unmittelbarer Booster für jeden von uns. Wer mag es nicht, ein anerkennendes Schulterklopfen und Lächeln von seinen Kollegen zu erhalten? Wenn die Leistungen jedes Einzelnen wahrgenommen und gefeiert werden, steigen das Engagement und die persönliche Identifikation für das gemeinsame Vorgehen und mit dem Unternehmen. Begeisterte Teams sind der Schlüssel zu nachhaltigem Erfolg. Indem du die Bedürfnisse und Potenziale deiner Mitarbeiter in den Mittelpunkt stellst und eine Kultur der Wertschätzung etablierst, schaffst du die Voraussetzungen für gemeinsame Erfolge.

Kleine Schritte mit großer Wirkung

PEOPLE fit entsteht nicht durch große, einmalige Maßnahmen, sondern durch kleine, gezielte Schritte. In der ersten Woche sollte bereits eine Verbindung zwischen den Menschen geschaffen werden, indem ein gemeinsames Verständnis für die aktuelle Situation, Wünsche und Herausforderungen entwickelt wird.

Die ersten konkreten Maßnahmen:

- **Begeisterung entfachen:** Mitarbeitende aktiv einbinden und inspirieren
- **Talente entdecken und gezielt einsetzen:** Unentdeckte Fähigkeiten in Teams sichtbar machen
- **Transparenz und Kommunikation fördern:** den Austausch und die eigene Reflexion im Team fördern und durch einfache Visualisierungen die Transparenz für das Team steigern

Schritt 1: Die Elemente des PEOPLE fit-Prinzips

Bei den Schritten in eurer Umsetzung ist es wichtig, die Elemente des „Turms“ von oben nach unten aufzubauen. Dieser Verlauf ist zentral, um die Begeisterung bereits am Anfang zu stärken und dann in weiterer Folge die nächsten Elemente hinzuzufügen. In diesem Fall siehst du einen großen Unterschied zu bereits existierenden Ansätzen der Transformationsgestaltung. Anstatt dass du in eurer Transformation mit Methodik und Tools startest, ist es unersetzlich, dass ihr den ersten Schritt mit den Menschen macht - mit Begeisterung, Empowerment und T.R.U.S.T. (Selbs**T.** ständigkeit, **R**.espekt, m**U**.t, di**S**.ziplin, offenhei**T**.) tagtäglich gelebt.

<u>Die zentralen Elemente auf der Ebene - Mensch und Werte:</u>

a. Begeisterung und Empowerment

In deiner Rolle als Führungskraft hast du zahlreiche Möglichkeiten, damit deine Mitarbeitenden nicht nur passiv an Veränderungen teilhaben, sondern sich aktiv als Gestalter der Transformation verstehen. Dies geschieht durch:

- Transformation NOW! Start-up-Veranstaltung - macht einen Big Bang und feiert euren ersten Schritt mit Begeisterung
- Holt euch eine inspirierende Keynote ins Haus, die mit Fun und Freude reale Geschichten und Erfolge aus gelungenen Transformationen deine Mitarbeiter von den Stühlen reißt.
- Durch diese lebhaften Storys und diesen ganz anderen Start eines Changes erkennen deine Mitarbeiter die Möglichkeit zur Mitgestaltung.
- Setzt diesen Workshop und Impulstag interaktiv auf (World Cafés, Dialogräume ...)
- Ermöglicht bereits zu diesem Event die Selbstbestimmung und Eigenverantwortung (Wer hat Ideen? Wer möchte sich aktiv einbringen? Wer möchte teilnehmen? ...).

„Empowerment bedeutet, den Menschen das Vertrauen zu schenken, ihre eigenen Entscheidungen zu treffen."

b. Integrität und Vertrauen

Eine vertrauensvolle und sichere Umgebung ist essenziell für eine erfolgreiche Zusammenarbeit. Ohne Vertrauen keine Veränderung. Integrität bedeutet, dass Führungskräfte mit gutem Beispiel vorangehen und Transparenz fördern. Nur so können Mitarbeitende den Wandel annehmen.

Die zentralen Elemente auf der Ebene - Prinzipien:

c. Klare Strukturen und Rahmen

Ein klar definierter Rahmen mit Schutz- und Leitplanken gibt den Mitarbeitenden Orientierung und Sicherheit. Wenn Menschen wissen, wo sie stehen und wie sie sich einbringen können, sind sie motivierter und engagierter. Dies umfasst:

- Klare Verantwortlichkeiten
- Strukturen, die Kreativität ermöglichen
- Eindeutige Regeln für die Kommunikation und Zusammenarbeit

d. Schnelle und sichtbare Ergebnisse

Ergebnisse werden täglich und mit voller Transparenz geteilt. Dieses Vorgehen beeinflusst zwei wesentliche Elemente im Prinzip des PEOPLE fit.

- Menschen erkennen, welche zahlreichen Ergebnisse sie tagtäglich umsetzen (Stolz und Anerkennung) und
- in welcher kurzen Zeit sie neue Ergebnisse gemeinsam erfolgreich liefern und umsetzen können.

Die zentralen Elemente auf der Ebene - Praktiken:

e. Kontinuierliche Evolution und Team-Energie

Die Transformation zu einem Winning-Team ist kein einmaliger Schritt, sondern ein kontinuierlicher Prozess. Die Teams können in regelmäßigen Abständen (alle zwei bis drei Wochen) in sogenannten Retrospektiven ihre Zusammenarbeit und Arbeitsumgebungen reflektieren.

- Setzen wir unsere Energie gezielt ein - wo entsteht Waste?
- Welche Abläufe hindern uns an einer effizienten Zusammenarbeit?

Durch dieses Format erleben die Mitarbeiter im täglichen Tun, dass ständige Veränderungen Teil der Unternehmenskultur und einer Transformation sind. Eine Transformation ist nie vorbei, sondern stellt sich als fortlaufende Handlung dar, mit Zeiten der Reflexion, Zeiten der Adaptierung und Zeiten der Umsetzung.

Zwei wesentliche Fragen, die sich ein Team in diesen Ritualen regelmäßig stellen kann und wie du als Führungskraft mit all deinen Mitteln unterstützen kannst:

„Welche konkrete Maßnahme setzen wir,

✓ **... damit sich unsere Abläufe in den nächsten zwei Wochen um +1 Prozent verbessern?“**

✓ **... damit sich die Team-Energie in den nächsten zwei Wochen um +1 Prozent verbessert?“**

Mir ist bewusst: Im ersten Moment auf diese Fragen kommt zumeist die Frage „Warum nur 1 Prozent?“ Der Hintergrund ist einfach - weniger ist mehr.

Bei konsequenter Umsetzung von +1 Prozent in diesen beiden Bereichen alle zwei Wochen bedeutet eine Steigerung von bis zu +25 Prozent in einem Jahr. Es ist um vieles besser, die Teams setzen regelmäßig und konsequent diese kleinen Schritte erfolgreich um, als sie nehmen sich zu viel vor.

Diese Vorgehensweise spiegelt sich auch in unseren zuvor angesprochenen Regeln wider:

- Fokus - Fokus 1, 2 … zu viel!
- Die richtigen Dinge richtig tun
- Ergebnisse klar, definiert und messbar (SMART)

f. Selbstorganisation

Mitarbeiter sollen in die Lage versetzt werden, ihre Arbeit eigenverantwortlich zu gestalten. Dies fördert nicht nur die Motivation, sondern steigert auch die Effizienz und Innovationskraft im Unternehmen.

Die zentralen Elemente auf der Ebene - Methodik und Tools:

g. Taktung

Die Rhythmisierung von Arbeitsabläufen ist entscheidend für eine erfolgreiche Transformation. Klare Zeitpläne und regelmäßige Feedbackschleifen sorgen für Struktur und helfen, den Wandel effektiv zu steuern.

h. Visualisierung

Sichtbarkeit schafft Verständnis. Durch eine gezielte Visualisierung von Fortschritten und Prozessen wird Transparenz gefördert, wodurch sich Mitarbeitende besser orientieren und sich aktiver am Wandel beteiligen können.

PEOPLE fit - das Ergebnis: ein starkes Fundament

Durch eine konsequente Umsetzung von PEOPLE fit entsteht eine Unternehmenskultur, in der Mitarbeitende als wertvolle Träger von Wissen, Innovation und Begeisterung gesehen werden - und nicht als bloße Ressourcen. Menschen fühlen sich eingebunden, verstehen den Sinn und erleben erste Erfolge. PEOPLE fit basiert auf mehreren zentralen Ebenen, die gemeinsam eine stabile Basis für Veränderungen schaffen.

Der sichtbare Erfolg von PEOPLE fit

- Mitarbeitende fühlen sich eingebunden
- Der Sinn hinter der Veränderung wird verstanden
- Erste Erfolge werden sichtbar

Durch die konsequente Umsetzung profitiert dein Unternehmen auf mehreren Ebenen:

- Effizientere Teams: Klare Strukturen und Selbstorganisation steigern die Zusammenarbeit.
- Langfristiger Erfolg: Unternehmen, die auf ihre Menschen setzen, bleiben auch in Zeiten des Wandels wettbewerbsfähig.
- Höhere Mitarbeiterbindung: Menschen, die ihre Talente entfalten können, sind zufriedener und engagierter.

Unternehmen, die dies erkennen und aktiv umsetzen, schaffen die Basis für nachhaltigen Erfolg - und eine Zukunft, in der Mitarbeitende begeistert und motiviert gemeinsam an einer erfolgreichen Vision arbeiten. Ein beeindruckendes Beispiel für versteckte Talente möchte ich mit dir teilen, das mir in der Begleitung eines Unternehmens im Zuge ihrer Transformationsreise begegnet ist.

Vom Staplerfahrer zum Moderator und Coach

In diesem Unternehmen, das sich von einem traditionell-hierarchischen Arbeitsumfeld zu einer modernen Kultur der Zusammenarbeit und Selbstorganisation gewandelt hatte, geschah etwas Außergewöhnliches – etwas, das die verborgenen Talente seiner Mitarbeiter zum Vorschein brachte und eine nachhaltige Veränderung anstieß. Dabei macht uns diese wahre Begebenheit bewusst, wie wichtig es ist, den Menschen in den Mittelpunkt von Transformationen zu stellen und die ungenutzten Potenziale in den Teams freizusetzen.

Michael (Name geändert) war ein erfahrener Staplerfahrer in der Logistikabteilung dieses Unternehmens. Er war bekannt für seine Zuverlässigkeit, Offenheit im Umgang mit Kollegen und sein Engagement. Was jedoch nur wenige seiner Führungskräfte und Kollegen wussten, war, dass er in seiner Freizeit eine Ausbildung zum Moderator und Supervisor absolviert hatte.

Mit diesen besonderen Fähigkeiten in der Gesprächsführung und Konfliktlösung konnte er weit mehr als nur einen Stapler fahren.

Als das Unternehmen begann, verstärkt auf agile Methoden und New Work-Initiativen zu setzen, wurde das Team mit einer neuen Herausforderung konfrontiert: der Einführung von Retrospektiven und anderen Formaten zum persönlichen Austausch und Reflexion. Diese regelmäßigen Treffen sollten dazu dienen, die Zusammenarbeit in den Teams und den übergreifenden Bereichen zu reflektieren, Verbesserungspotenziale zu erkennen und gemeinsam die nächsten Schritte zu setzen. Doch der Anfang verlief schwerfällig. Die Teammitglieder waren an klare Anweisungen „von oben" gewöhnt und fühlten sich in der offenen Diskussion eher unsicher.

Es war Michaels Vorgesetzter, der das Potenzial in ihm erkannte und ihn ermutigte, seine Moderationsfähigkeiten einzubringen. Zunächst zögerte Michael, doch dann stimmte er zu, bei der nächsten Retrospektive die Moderation zu übernehmen. Von diesem Moment an änderte sich vieles. Michael schuf eine vertrauensvolle und offene Atmosphäre für das Team und für die Settings zum Austausch, in der jede Stimme gehört wurde.

Er erklärte die Prinzipien einer wertschätzenden Kommunikation und setzte Moderationstechniken ein, die es ermöglichten, unterschiedliche Perspektiven zu integrieren und gemeinsam Lösungen zu erarbeiten.

Was folgte, war eine erstaunliche Veränderung. Die Teammitglieder begannen, sich aktiver zu beteiligen. Die Diskussionen wurden produktiver, Ideen flossen freier und auch kritische Themen wurden konstruktiv besprochen. Michael verstand es, Brücken zwischen verschiedenen Meinungen zu bauen und ein Gefühl der Zusammengehörigkeit zu fördern. Die Zusammenarbeit im Team verbesserte sich spürbar, und das Team entwickelte innovative Lösungen für alltägliche Herausforderungen. Heute hat Michael verschiedenste Tätigkeiten in seinem Unternehmen. Er ist begeistert und kann seine vielseitigen Fähigkeiten in der Arbeit einbringen - als Staplerfahrer und Moderator.

Dieses Beispiel zeigt auf eindrucksvolle Weise, wie oft ungenutzte Talente schlummern und erst in einem Umfeld der Veränderung und des Vertrauens zum Leben erweckt werden können. Michael wurde zu einem Schlüsselspieler in diesem Transformationsprozess. Sein Beitrag trug nicht nur zur positiven Entwicklung des Teams bei, sondern hatte auch nachhaltige Auswirkungen auf den Erfolg des gesamten Unternehmens. Durch seinen mutigen Schritt hat er einen wichtigen Impuls in diesem Unternehmen gesetzt. Nachdem die Erfolge des Teams, die Begeisterung und die Mitarbeit von Michael, dem Staplerfahrer, im Unternehmen bekannt wurden, stellte sich ein neuer Wert für die Zusammenarbeit ein. Der Blick für verborgene Fähigkeiten und Talente weit über die eigenen Abteilungsgrenzen hinaus und ein neues Credo: „Wer möchte etwas Neues ausprobieren?" Ein Gamechanger für die erfolgreiche Zukunft dieses Unternehmens.

Diese Geschichte zeigt beispielhaft, welche Potenziale durch einfache Mittel gehoben werden können. Die Umsetzung von PEOPLE fit erfordert eine bewusste Wahrnehmung und einen unvoreingenommenen Blick auf bestehende Strukturen.

PEOPLE fit ist die Basis für die gelungene Umsetzung der weiteren Schritte und Prinzipien PROJECT fit und STRATEGY fit.

9.4. PROJECT fit - Synchronisation der Ziele

Im nächsten Schritt eurer Transformation zur zukunftsfähigen Arbeitswelt liegt der Fokus auf dem Prinzip PROJECT fit. Erfolgreiche Unternehmen zeichnen sich nicht nur durch gute Strategien aus, sondern vor allem durch eine effektive Zusammenarbeit ihrer Teams. Die besten Pläne scheitern, wenn Abteilungen gegeneinander arbeiten oder sich gegenseitig blockieren.

Genau hier setzt das Konzept von PROJECT fit an: Die Synchronisation von Zielen muss nicht nur strategisch gedacht, sondern auch in der täglichen Zusammenarbeit verankert werden.

Eines der größten Probleme in Projekten und bei Transformationsvorhaben ist die fehlende Synchronisation der erwarteten Ziele und Ergebnisse. Oft arbeiten verschiedene Abteilungen an unterschiedlichen Prioritäten, was zu ineffizienten Prozessen und Missverständnissen führt. Der Ineffizienz-Waste steigt dabei ins Unermessliche. Nicht nur, dass es in einigen Fällen dazu führt, dass einzelne Abteilungen die Arbeiten umsonst machen, gibt es noch genügend Beispiele, dass eine Tätigkeit in zwei unabhängigen Abteilungen umgesetzt wird.

In vielen Unternehmen gibt es Silodenken – jede Abteilung verfolgt ihre eigenen Prioritäten ohne Rücksicht auf das große Ganze. Das führt zu Verzögerungen, ineffizientem Ressourceneinsatz und Frustration bei den Mitarbeitern. Ein klassisches Beispiel: Die IT-Abteilung entwickelt eine neue Software, aber das Vertriebsteam wird erst bei der Einführung eingebunden und hat ganz andere Anforderungen als gedacht.

Die Hintergründe dafür finden sich dabei in großen Teilen in einer unzureichenden klaren Kommunikation, Missverständnissen zwischen Kollegen und unklaren Zielsetzungen.

Die Bedeutung von PROJECT fit

Das Prinzip von PROJECT fit hilft dabei, Ziele klar zu definieren und aufeinander abzustimmen.

Dabei geht es um folgende Fragen:

- Sind die Ziele und Ergebnisse klar definiert und für alle verständlich?
- Setzen wir unsere richtigen Kompetenzen ein und liegt uns alles vor?
- Stellt die Priorisierung eine durchgehende Wertschöpfung sicher und stärkt diese die Umsetzung unserer Ergebnisse?

Ein häufiger Fehler ist, dass Unternehmen versuchen, zu viele Projekte gleichzeitig umzusetzen. Das führt dazu, dass Ressourcen verschwendet und Mitarbeiter überfordert werden. Stattdessen sollten Unternehmen ihre Projekte klar priorisieren und sicherstellen, dass alle Beteiligten auf das gleiche Ziel hinarbeiten. Die richtige Synchronisation der Ziele ist nicht nur für den Projekterfolg entscheidend, sondern auch für die Motivation der Mitarbeiter.

Ein wesentlicher Punkt für das gemeinsame Verständnis ist eine gute und transparente Kommunikation. Wie kommt es zu den vorliegenden Entscheidungen? Was sind die Hintergründe? Wo erlebt man Verzögerungen und wo benötigt es Unterstützung? Wenn Mitarbeiter in diesen Kommunikationsfluss voll eingebunden werden, verstehen sie, warum sie etwas tun und welchen Beitrag ihre Arbeit leistet, sind sie motivierter und engagierter (Die richtigen Projekte richtig tun).

Mit der klaren Zielsetzung und deren konsequenter Synchronisation über alle Projekte hinweg steigert sich der Erfolg immens. Durch gelungene, synchronisierte Abstimmung und transparente Kommunikation wird die Zusammenarbeit optimiert und Ergebnisse effektiv und in kürzester Zeit erreicht.

Unternehmen, die das Konzept PROJECT fit konsequent umsetzen, steigern nicht nur ihre Effizienz, sondern auch die Zufriedenheit ihrer Teams. Solange die Zusammenarbeit reibungslos funktioniert, sind Mitarbeiter motivierter und können sich auf ihre Kernaufgaben konzentrieren.

Schritt 2: Die Elemente des PROJECT fit-Prinzips

Die zentralen Elemente auf der Ebene – Mensch und Werte:

a. **Kommunikation**

Fördere eine offene und transparente Kommunikation im Team. Durch tägliche, kurze und regelmäßige Abstimmungen gewährleistest du als Führungskraft klare Kommunikationswege und stellst sicher, dass alle Projektbeteiligten über Ziele und Fortschritte informiert sind.

b. **Kompetenzbasierte Führung**

Als Führungskraft setzt du deine Kompetenzen gezielt ein, um die Teammitglieder zu unterstützen und zu fördern. Hier ist ein stärkenorientierter Ansatz sinnvoll. Eine Kultur des kontinuierlichen Lernens und der persönlichen Entwicklung zu fördern, ist entscheidend für den langfristigen Erfolg.

Als Führungskraft kannst du deine Mitarbeiter dazu ermutigen, ihre persönlichen Wochen- und Monatsziele zu setzen und regelmäßig über ihre Fortschritte zu reflektieren. Dies kann durch individuelle Entwicklungspläne oder regelmäßige 1:1-Gespräche geschehen. Überlegt euch gemeinsam Mentoring-Programme und individuelle Entwicklungspläne. Durch diese Maßnahmen könnt ihr eure Talente noch weiter ausbauen und vorhandene Stärken stärken.

c. Feedback und Coaching

Als Führungskraft achtest du darauf, dass du eine Kultur des offenen Feedbacks förderst und vorlebst. Regelmäßiges Feedback sorgt dafür, dass Abweichungen frühzeitig erkannt und korrigiert werden können.

Dabei ist es wichtig, das Geben und Annehmen von Feedback auf allen Ebenen einzuüben und aktiv Coaching-Unterstützung zu nehmen und anzubieten. In vielen Unternehmen werden Feedbacks und Coaching erst dann eingesetzt, wenn es bereits zu spät ist. Wiederholte Anwendung und das gemeinsame Üben reduzieren die Hemmschwelle, auf diese Werkzeuge zurückzugreifen, und stärken eine gelungene Zusammenarbeit durch gemeinsames Verständnis. Wichtig dabei: Feedback ist keine One-way-Veranstaltung. Als Führungskraft holst auch du dir aktiv Rückmeldung von deinen Mitarbeitern und bittest darum.

Regelmäßiges Feedback und Coaching helfen deinen Mitarbeitern und dir dabei, sich weiterzuentwickeln und eure Leistung zu verbessern. Diese Maßnahmen fördern eine Kultur des konstruktiven Feedbacks. Die Ergebnisse können sich sehen lassen und ihr werdet es direkt merken durch verbesserte Leistung, höhere Zufriedenheit im Team und stärkere Bindung deiner Mitarbeiter an das Unternehmen.

Mentoring und Coaching sind essenzielle Instrumente für die persönliche und berufliche Entwicklung von Mitarbeitern. Im Team könnt ihr eure klaren Mentoring- und Sparring-Partner-Modelle entwickeln, die sowohl formelle als auch informelle Beziehungen fördern.

Regelmäßige Check-ins und Feedbackrunden helfen dabei, den Fortschritt zu verfolgen und sicherzustellen, dass die Mentoring-Beziehung für beide Parteien von Vorteil ist.

Coaching-Ansätze, die sich auf spezifische Fähigkeiten oder Herausforderungen konzentrieren, können ebenfalls hilfreich sein, um die Leistung und das Engagement in deinen Teams zu steigern.

Darüber hinaus können Workshops zur persönlichen Entwicklung, die Themen wie Zeitmanagement, Stressbewältigung oder emotionale Intelligenz behandeln, wertvolle Ressourcen für Mitarbeiter darstellen. Indem du als Führungskraft deine Mitarbeiter in ihrer persönlichen Entwicklung unterstützt, trägst du nicht nur zur Zufriedenheit und Motivation bei, sondern setzt einen wichtigen Beitrag, indem du die gesamte Teamleistung und -kultur förderst.

Mit diesen Schritten zeigst du klar, dass Feedback und Coaching nicht nur ein Lippenbekenntnis sind, sondern tagtäglich gelebt und als einfaches Tool für den persönlichen Austausch genutzt werden können.

Die zentralen Elemente auf der Ebene – Prinzipien:

d. Rhythmisierung Teamspirit

Agile Frameworks und Methoden wie Scrum sowie Kanban ermöglichen eine flexible Anpassung an Veränderungen und fördern die iterative Verbesserung. Ein Handlungsrahmen und eine Methode wie AGILean fördern den aktiven Austausch, eine klare Taktung und volle Transparenz für alle Beteiligten (Ergebnisse im Takt).

Eine Rhythmisierung kannst du ganz einfach mit regelmäßigen Team-Events umsetzen. Zudem könnt ihr für euch klare Zeiträume für Projektphasen (12-Wochen-Etappen) definieren. Durch diese Rhythmisierung wird ein stärkerer Zusammenhalt im Team unterstützt, da sie für sich eine klare Wiederholbarkeit erleben.

e. Verantwortlichkeitsannahme

Durch das Vertrauen und das Empowerment, durch die Stufe und das Prinzip PEOPLE fit, steigt die Wahrscheinlichkeit, dass sich zahlreiche Mitarbeiter in deinem Team mehr zutrauen.

Sie haben erlebt, dass in gemeinsamer Umsetzung kontinuierlich Erfolge erzielt werden und bei Schwierigkeiten und Fehlern kein Blaming entsteht.

Sie haben erkannt, dass Rückschläge der Aufruf sind, noch einen weiteren Schritt in Richtung Lösung und Ergebnis zu gehen. Aus diesen Erfahrungen gestärkt, hast du die Möglichkeit, als Führungskraft weitere Verantwortung abzugeben. Gleichzeitig werden Mitarbeiter in ihrer Selbstständigkeit jetzt mehr denn je gefördert und agieren eigenverantwortlich bei neuen Themen in ihrem Verantwortungsbereich.

Die zentralen Elemente auf der Ebene - Praktiken:

f. Fokus auf Wertschöpfung

Die Fokussierung auf Wertschöpfung und transparente Entscheidungen trägt zum Erfolg eurer Projekte bei. Wie man den richtigen Fokus setzt, haben wir bereits in großem Umfang behandelt. Für die erfolgreiche und ergebnisorientierte Umsetzung in Projekten ist dabei eine Fragestellung zusätzlich immens wichtig: „Ist diese Tätigkeit, ist diese Handlung wertschöpfend?“ bzw. „Ist dieses Projekt wirklich wertschöpfend und zahlt es in unsere Ergebnisse ein?“. Anhand dieser beiden einfachen Fragen kannst du mit deinen Mitarbeitern reflektieren, ob ihr den richtigen Fokus gesetzt habt.

g. Transparente Entscheidungen

Eigenverantwortung wird vor allem dann gestärkt, wenn die Mitarbeiter im Team und im Unternehmen wissen, wie es zu Entscheidungen gekommen ist. Zu oft werden Projekte gestoppt, ohne dass das Team die Hintergründe erfasst hat. In ähnlichen Situationen werden inhaltliche Entscheidungen getroffen und die Mitarbeiter erst sehr spät darüber informiert. Als Führungskraft kannst du durch die transparente Kommunikation von Entscheidungen und im Austausch mit deinen Mitarbeitern sicherstellen, dass alle den Grund für diese Maßnahme nachvollziehen und mittragen können.

Analysiert eure Wertschöpfungskette und gestaltet eure Entscheidungsprozesse transparent.

Um eine Multiplikation der Transparenz im Unternehmen zu steigern, ist es sinnvoll, weitere Stakeholder in diese Kommunikation einzubeziehen. Die Resultate werden für eure Projekte und vor allem für deine Mitarbeiter schnell sichtbar. Ihr erlebt eine höhere Effizienz durch Fokussierung auf das Wesentliche, eine bessere Akzeptanz der Entscheidungen und eine stärkere Identifikation mit dem Projekt.

Die zentralen Elemente auf der Ebene – Methodik und Tools:

h. Klare Ziele und messbare Ergebnisse

Indem diese Stufen und Maßnahmen umgesetzt werden, können Unternehmen sicherstellen, dass ihre Projekte nicht nur erfolgreich abgeschlossen werden, sondern auch einen echten Mehrwert für das Unternehmen und die Kunden schaffen. Die Menschen fühlen sich eingebunden, verstehen den Sinn und erleben erste Erfolge, was die Basis für eine nachhaltige Transformation bildet. Dabei ist es wichtig, diesen Fortschritt zu euren Ergebnissen regelmäßig zu kontrollieren und transparent zu gestalten. Die gemeinsame Synchronisation steigert eine bessere Zielerreichung im Team, ermöglicht eine effektivere Planung der verfügbaren Kapazitäten und stellt eine transparente Projektsteuerung sicher.

Durch die konsequente Umsetzung dieser Inhalte und Maßnahmen im Bereich PROJECT fit kann eine Organisation sicherstellen, dass Projekte erfolgreich umgesetzt werden und einen Mehrwert für das Unternehmen schaffen. Die einzelnen Elemente steigern die Effizienz durch gelungene Kommunikation und klare Strukturen. Die richtigen Projekte richtig tun!

Der sichtbare Erfolg von PROJECT fit

- Effizienz durch gelungene Kommunikation
- Klare Strukturen spürbar
- Entscheidungen transparent nachvollziehbar

9.5. STRATEGY fit - nachhaltige Stabilisierung

Jede Transformation beginnt mit einem großen Knall – neuen Prozessen, neuen Strukturen, neuen Zielen. Doch was passiert, wenn der erste Enthusiasmus nachlässt? In vielen Unternehmen fallen Teams nach einer Umstellungsphase schnell in alte Muster zurück.

Damit eure Transformation nachhaltig verankert wird, benötigt es nach den Prinzipien und euren Schritten mit PEOPLE fit und PROJECT fit eine nachhaltige Stabilisierung. Dies gelingt durch den letzten Schritt und das Prinzip STRATEGY fit.

Eine Transformation endet nicht mit der Umsetzung – sie muss nachhaltig stabilisiert werden. Dieses Kapitel zeigt, wie Unternehmen durch eine maßgeschneiderte Strategie, klare Strukturen und kontinuierliches Feedback die erzielten Veränderungen festigen und langfristig erfolgreich machen. Die nachhaltige Stabilisierung ist das letzte Glied in der Kette der Transformation. Nur wenn Veränderungen konsequent begleitet und der Umgang damit in die Unternehmenskultur integriert sind, ist langfristiger Erfolg gesichert.

STRATEGY fit bedeutet, dass die neuen Strukturen langfristig verankert werden und sich die Strategie eures Unternehmens in den täglichen Aktivitäten widerspiegelt. Das gelingt nur, wenn Unternehmen eine klare Strategie zur dauerhaften Umsetzung der Veränderungen entwickeln. Eine klare Vision und Strategie geben dem Unternehmen eine langfristige Richtung und stiften Sinn für alle Beteiligten.

Wie beim ersten Schritt der Transformation sind für eine Entwicklung einer klaren und inspirierenden Vision Begeisterung und Emotion erforderlich. Die Entwicklung solch einer Strategie bedeutet nicht einen wochenlangen Besprechungsmarathon und vor allem nicht hinter verschlossenen Türen des Managements. Es geht dabei nicht um Excel-Listen, Auswertungen oder Forecast-Bewertungen. Strategie darf, Strategieentwicklung *muss* erlebbar sein und gleichermaßen ein gemeinsames Verständnis und eine Vision erzeugen, wozu diese Schritte notwendig und sinnvoll sind. Durch eine lebendige, begeisternde Strategieentwicklung mit Teilnehmern und Mitarbeitern aus eurem Unternehmen setzt du als Führungskraft ein besonderes Zeichen.

Die Teilnehmer erleben dabei in diesen Settings und Tun, wie ganze Organisationsbereiche, Abteilungen, Führungskräfte und Mitarbeiter gemeinsam und fieberhaft überzeugt eure Unternehmensstrategie erarbeiten. Damit entsteht ein Multiplikationseffekt, der unbezahlbar ist; anstatt „deren“ Strategie ist es „unsere“ Strategie.

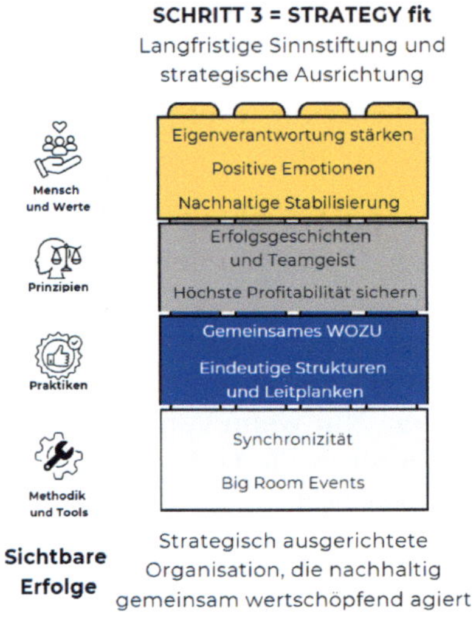

Schritt 3: Die Elemente des STRATEGY fit-Prinzips

Durch diesen Prozess stellt ihr zudem sicher, dass eure Strategie maßgeschneidert ist und gemeinsam umgesetzt wird. Das Ergebnis ist eindeutig und für dich als Führungskraft spürbar im täglichen Tun: Durch den gemeinsamen Weg liegt eine hohe Akzeptanz zur Strategie vor und in euren weiteren Schritten erlebt ihr eine effektive Umsetzung der geplanten Maßnahmen. Mit dem dritten Schritt und dem Prinzip von STRATEGY fit wird dafür gesorgt, dass Unternehmen nicht nur kurzfristig erfolgreicher werden, sondern langfristig wettbewerbsfähig bleiben.

Eine gut durchdachte Strategie gibt Stabilität in einer sich ständig verändernden Welt.

Das Prinzip baut auf den Fundamenten von PEOPLE fit und PROJECT fit auf und zielt darauf ab, die Transformation nachhaltig zu stabilisieren.

Die zentralen Elemente auf der Ebene - Mensch und Werte:

a. Eigenverantwortung stärken

Mitarbeiter können durch die Erlebnisse und durch die Erfahrung der vorangegangenen Transformationsschritte große Verantwortung für weitere Aufgaben übernehmen und Entscheidungen treffen. Die Basis wurde durch die vorherigen Prinzipien PEOPLE fit und PROJECT fit gelegt.

Dabei entstehen sehr begeisternde Momente. Durch die Identifikation der Mitarbeiter mit den Werten, Zielen und Ergebnissen des Unternehmens entsteht ein Wir-Gefühl. Man erlebt in Forecast Runden zur weiterführenden Abstimmung dabei Sätze wie „Das funktioniert. Unser Produkt, unser Markt, unsere Erfolge. Wir setzen das um!". Situationen, in denen man vor allem erlebt, dass die drei Prinzipien der Transformation gelungen und voll im Unternehmen angedockt sind.

b. Positive Emotionen

Eine positive Arbeitsatmosphäre sowie emotionale Intelligenz sind entscheidend für den Erfolg. Als Führungskraft kannst du aktiv daran arbeiten, eine Kultur zu gestalten und weiterzuentwickeln, die emotionale Bindungen fördert und die Begeisterung der Mitarbeiter weckt. Eine positive Unternehmenskultur, die Werte wie Offenheit, Respekt und Innovation fördert, ist grundlegend für eine nachhaltige Umsetzung der Transformation.

c. Nachhaltige Stabilisierung

Mitarbeiter sind durch die Erlebnisse und Erfahrungen der vorangegangenen Stufen bestärkt, weitere Schritte zu setzen und Neues auszuprobieren.

Als Führungskraft kannst du mit deinen Mitarbeitern Strategien entwickeln, um weitere Erfolge zu ermöglichen und die Multiplikation eurer positiven Erfahrungen in eurem Unternehmen zu sichern. Zudem kannst du als Führungskraft mit deinen Mitarbeitern bereits jetzt gute Leit- und Schutzplanken definieren, welche Maßnahmen ihr setzt, um gut und wertschöpfend mit Rückschlägen umzugehen (Transformation never stops - lebenslanges Lernen).

Die zentralen Elemente auf der Ebene - Prinzipien:

d. Erfolgsgeschichten und Teamgeist

Durch das Teilen von Erfolgsgeschichten und die Förderung des Teamgeistes wird auf Unternehmensebene das Zusammengehörigkeitsgefühl und die Motivation gestärkt. Definiert euch fixe Rituale und schafft Möglichkeiten, wo ihr lustige wie herausfordernde Zeiten der Transformation teilen könnt und erzählt eure Erfolgsgeschichten. Gerade für neue Mitarbeiter sind solche Talks und Events eine gute Möglichkeit anzudocken und die wichtigen Elemente hinter euren Werten über diese Geschichten zu erleben.

e. Höchste Profitabilität sichern

Wie bei eurem Fokus der Projekte stellst du als Führungskraft sicher, dass mit geeigneten Fragen und voller Transparenz sichergestellt wird, dass die Vorhaben höchst effizient umgesetzt werden, die zur höchsten Profitabilität eures Unternehmens einzahlen. Wie bei den Projekten und Tätigkeiten gilt auch hier der Leitsatz: 1, 2 ... zu viel! Achtet auf eure Schwerpunkte und stellt euch die Frage: „Ist diese Maßnahme wertschöpfend und zahlt sie für unsere Vision, in unsere Strategie und in unsere geplanten Ergebnisse des Unternehmens ein?"

Die zentralen Elemente auf der Ebene - Praktiken:

f. Gemeinsames WOZU

Das gemeinsame „Wozu" zu finden, ist entscheidend für die Synchronisation der Ziele. Was wollt ihr erreichen? Welchen Beitrag leistet dieses *Wozu* für eure Kunden, euer Unternehmen, für eure Mitarbeiter und die Gesellschaft? Ein starkes, begeisterndes Wozu mit klar definierten Ergebnissen ist der Turbo für die Umsetzung und Erreichung eurer strategischen Ziele.

g. Eindeutige Strukturen und Leitplanken

Klare Strukturen und Leitplanken geben dir als Führungskraft sowie deinen Mitarbeitern Orientierung und Sicherheit. Diese Leitplanken unterstützen einen klaren, gemeinsamen Weg und fokussieren auf den wesentlichen Erfolg von Sinn und Profitabilität. Definiert für euch diese klaren Leitplanken und Strukturen. Eine Frage, die dabei unterstützt ist: „Was werden wir nie-nie-nie machen?" Durch eure Antwort habt ihr damit bereits ein Element gefunden, das ihr von eurer To-do-Liste in allen Unternehmensbereichen streichen könnt. Zudem habt ihr Klarheit, falls es zu Diskussionsthemen in diesem Bereich kommt, mit einer einfachen Antwort: „Unsere Leitplanke - das machen wir nie-nie-nie."

Die zentralen Elemente auf der Ebene - Methodik und Tools:

h. Synchronizität und Big Room Events

Wie in der Musik bei einem schön komponierten Stück erlebt ihr durch eure gemeinsamen Schritte und aus der Umsetzung der drei Prinzipien für eine zukunftsfähige Arbeitswelt bereits einen Gleichklang. Durch Workshopformate in der Form wie Big Room Events, World Cafés oder Brown Bag Sessions könnt ihr weiterhin die Transparenz über alle Bereiche eures Unternehmens stärken.

Die Eigenverantwortung wird dabei gestärkt und ihr setzt eure weiteren Schritte im gleichen Rhythmus wertschöpfend um.

Die Ergebnisse, die ihr durch das STRATEGY fit Prinzip erreicht habt:

- **Langfristiger Erfolg des Unternehmens**: Durch die Sinnstiftung und strategisch ausgerichtete Organisation wird eine nachhaltige gemeinsame Wertschöpfung und der Erfolg des Unternehmens gesichert.

- **Resilienz und höchste Profitabilität**: Durch die klare Ausrichtung auf die Unternehmensziele wird die Profitabilität gesteigert. Die neu gestalteten Strukturen stärken die Resilienz im Team und in der Organisation, um auch in schwierigen Zeiten erfolgreich zu sein.

- **Strategisch ausgerichtetes Unternehmen** und nachhaltige Stabilisierung: Durch die klaren Strukturen und Rituale, die ihr aufgebaut habt, stellt ihr sicher, dass eine nachhaltige Transformation und eine zukunftsfähige Arbeitsumgebung gegeben sind.

Indem diese Inhalte berücksichtigt und die genannten Ergebnisse angestrebt werden, kann ein Unternehmen eine nachhaltige Transformation erreichen und langfristig erfolgreich sein. STRATEGY fit sorgt dafür, dass die Veränderungen im Unternehmen gefestigt werden und eine Kultur entsteht, die langfristig Bestand hat.

Durch die konsequente Umsetzung dieser Inhalte und Maßnahmen im Bereich STRATEGY fit schafft deine Organisation eine solide Basis für langfristigen Erfolg. Die Ergebnisse sind motivierte und engagierte Mitarbeiter, die sich mit dem Unternehmen identifizieren und gemeinsam an der Erreichung der Unternehmensziele arbeiten.

Mit dem letzten Schritt und dem Prinzip von STRATEGY fit habt ihr die zentrale Verbindung eines ganzheitlichen, menschenzentrierten Handlungsrahmens gesetzt: Vom Ich zum Du, zum Wir – und eine Umgebung für höchste Profitabilität und begeisterte Zusammenarbeit geschaffen.

10. Umsetzung in wenigen Wochen

10.1. Deine Top-Pace-Transformation!

Jetzt denkst du dir vielleicht: „Wow, das ist echt umfangreich … Wie soll ich das nur konsequent umsetzen?“ Glaube mir, ihr schafft das! Ich zeige dir exakt das genaue Bild, wie du diesen Weg mit deinem Team erfolgreich gehst – Schritt für Schritt, mit maximaler Klarheit und Geschwindigkeit. Denn hier geht es nicht um endlose Monate oder Jahre voller Theorie. Die Umsetzung gleicht einem Marathon, der einerseits Ausdauer benötigt, andererseits zeigt, dass mit konsequenter und gleichmäßiger Geschwindigkeit und Pace große Erfolge erzielt werden.

Geschwindigkeit erleben,
Begeisterung und
Umsetzung spüren

Es geht um schnelle, sichtbare Erfolge und Begeisterung in weniger als zwölf Wochen und nachhaltige Stabilisierung. Ein erfolgreicher Marathonlauf erfordert nicht nur eine gute Vorbereitung und Ausdauer, sondern auch Strategie, Disziplin und das bewusste Erleben jeder einzelnen Phase. Es geht nicht nur darum, irgendwie ins Ziel zu kommen, sondern darum, den gesamten Lauf mit voller Energie, Begeisterung und maximaler Effizienz zu gestalten. Das setzt du als Führungskraft anhand der einzelnen Schritte und Prinzipien aus diesem Buch mit deinem Team in wenigen Wochen um.

Zwölf Wochen, in denen du spürst, wie Veränderung funktioniert. Zwölf Wochen, in denen du erlebst, wie dein Team und du eine neue Dynamik entwickeln. Zwölf Wochen, in denen ihr durch kontinuierliche kleine Fortschritte Großes bewirkt!

Ein erfahrener Läufer weiß: Die richtige Pace entscheidet über Erfolg oder Misserfolg. Zu schnell zu starten bedeutet, frühzeitig auszubrennen.

Zu langsam laufen kann dazu führen, dass das Ziel außer Reichweite gerät. Die Kunst liegt in der perfekten Balance - einem Tempo, das herausfordert, aber nicht überfordert.

In diesem 24-Wochen-Plan wirst du genau diese Dynamik erleben. Schritt für Schritt baust du Tempo auf, verfeinerst du eure Technik und stärkst du eure Widerstandskraft. Jeder Abschnitt ist darauf ausgelegt, dich kontinuierlich zu verbessern - mit klarem Fokus und spürbaren Fortschritten. Es geht nicht nur um die Umsetzung selbst, sondern um das bewusste Wahrnehmen der Veränderung, das Erleben eurer Leistungsfähigkeit und die konsequente Umsetzung in jeder einzelnen Stufe.

Mach dich bereit, in eure persönliche Top-Pace zu starten - mit vollem Einsatz, klarer Strategie und spürbarer Begeisterung! Wir legen jetzt los! Kein Zögern, kein langes Grübeln.

Mit dieser Beschreibung bekommst du als Führungskraft die exakte Anleitung, wie du mit deinem Team einen ganzheitlichen, menschenzentrierten Handlungsrahmen gestaltest und eure Transformation nachhaltig schaffst. Woche für Woche, Schritt für Schritt. Und das Beste? Es funktioniert - das zeigt meine Erfahrung aus über einem Jahrzehnt und mehr als 100+ Transformationsvorhaben.

Los geht es. Setzt jetzt eure Top-Pace-Transformation um.

10.2. Schritt für Schritt - der vollständige 24-Wochen-Plan

Von Woche 1 bis Woche 24++ mit klaren und einfachen Schritten zu einem ganzheitlichen, menschenzentrierten und profitablen Handlungsrahmen

Dieser umfassende Plan führt dich und dein Team durch einen strukturierten Ablauf der kontinuierlichen Verbesserung, der speziell darauf ausgelegt ist, eure Zusammenarbeit, Kommunikation und Organisation zu optimieren. Ich zeige dir dabei, wie du innerhalb der ersten zwölf Wochen bemerkenswerte Fortschritte erzielst und mit dem richtigen Rahmen auch langfristig erfolgreich bleibst. Der Plan geht über die ersten Wochen hinaus und bietet eine nachhaltige Perspektive, um die Veränderung zu skalieren und langfristig zu sichern.

a. Woche 1: Inspiration und Reflexion – den Grundstein legen

Die erste Woche ist entscheidend, um den Grundstein für den gesamten Veränderungsprozess zu legen. Der Fokus liegt auf **Inspiration und Reflexion**. Zunächst beginnst du mit einem informellen **Walk und Talk** - einer Methode, bei der du und dein Team in einem entspannten Rahmen miteinander sprechen.

Dies hilft dabei, Ideen auszutauschen, ohne den Druck formeller Meetings. Während des Austauschs könnt ihr gemeinsam die **Potenziale** und **Herausforderungen** innerhalb der Organisation erarbeiten. Ihr spürt nach, wo die großen Schmerzpunkte liegen und welche Chancen sich bieten. Diese Gespräche schaffen eine offene Atmosphäre und geben den Raum für ehrliche, konstruktive Reflexion.

Im Anschluss führst du **Assessment-Gespräche** und **Interviews** durch, um die Perspektiven der Teammitglieder zu erfassen und vertiefende Einblicke in ihre Erfahrungen zu erhalten. Dies ist der Moment, in dem du die „Schmerzen“ der Mitarbeiter erkennst und gleichzeitig die Bereiche identifizierst, in denen Potenziale stecken. Das wird die Grundlage für den gesamten weiteren Prozess sein.

Um eure Inspiration zu steigern und eine klare Richtung vorzugeben, holst du **Keynotes und Success Storys** externer Experten. Diese sind nicht nur ein Anstoß für neue Ideen, sondern wecken die Begeisterung im Team und stärken den gemeinsamen Willen zur Veränderung.

Der Fokus in der ersten Woche liegt darauf, ein starkes Fundament und gemeinsames Vertrauen zu schaffen, auf das ihr in den kommenden Wochen und Monaten weiter aufbauen könnt. Ihr sorgt dafür, dass alle Teammitglieder verstehen, wie der **Rahmen der Zusammenarbeit** aussieht und welche Prozesse ihr einführen werdet, um effizienter und transparenter zu arbeiten. Die Grundlage schafft ihr dabei am besten durch gemeinsame Workshops - cross-funktionale mit inspirierenden und theoretischen Elementen. Durch spielerische Gamification-Anteile kommt auch der gemeinsame Fun nicht zu kurz - ein wesentlicher Faktor, um gerade in dieser wichtigen Anfangsphase eventuelle Berührungsängste zwischen existierenden Hierarchie- und Organisationsstrukturen aufzubrechen.

b. Woche 2: Fakten schaffen und Transparenz generieren

In der zweiten Phase dieser ersten Woche setzt ihr den Fokus auf die Umsetzung. Dabei geht es bereits in den ersten Tagen darum, eine klare Struktur und hohe Transparenz für euren Arbeitsprozess zu entwickeln. Ihr baut erste Work-in-Progress (W.I.P.) Boards - ein Tool, das sehr wesentlich dabei hilft, alle laufenden Projekte und Vorhaben in eurer Organisation sichtbar und nachvollziehbar zu machen.

Es fördert die **Transparenz** und ermöglicht eine klare Priorisierung der Aufgaben.

Eine entscheidende Maßnahme ist die Parallelitätsreduktion: Statt zu viele Themen gleichzeitig anzugehen, konzentriert ihr euch auf einige wenige, dafür aber wirkungsvolle Schritte. Schnelle, sichtbare Erfolge sind essenziell, um das Team zu motivieren. Durch kontinuierliche Evolution, Selbstorganisation, klare Taktung und Visualisierung beginnt sich eine neue Arbeitsweise zu etablieren.

2. Woche

Fokus & Umsetzen

- Basic Training
- W.I.P Board
- Parallelitäts-Reduktion

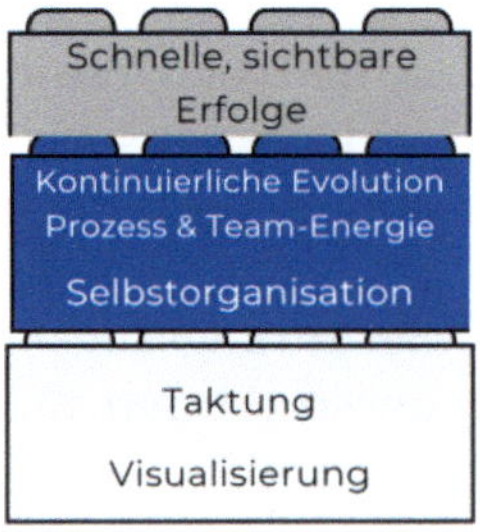

c. Woche 3-6: Erleben und Umsetzen – kontinuierliche Verbesserung

3. bis 6. Woche

Erleben

- + 1 % Team & Prozess
- Wertschätzung üben
- Volles Commitment
- Erlernen im TUN

In den nächsten fünf Wochen konzentrierst du dich auf die Umsetzung und das konsequente **Erleben** der Veränderungen. Der Fokus liegt hier auf **kontinuierlicher Verbesserung**. Ihr beginnt damit, euch auf die kleine, aber signifikante Verbesserung von **1 Prozent pro Woche** zu konzentrieren.

Diese kleinen, aber fortlaufenden Schritte führen langfristig zu großen Ergebnissen. Der Gedanke ist, dass jede Verbesserung - sei es in der Kommunikation, in der Zusammenarbeit oder in den Prozessen - zu einer insgesamt leistungsfähigeren und agilen Organisation führt.

In dieser Phase wirst du regelmäßige **Feedbackrunden** einführen, in denen das Team kontinuierlich Rückmeldungen zu den Fortschritten erhält. Diese Feedbackkultur ist ein zentraler Bestandteil des Prozesses und trägt dazu bei, dass sich das Team nicht nur fachlich, sondern auch zwischenmenschlich weiterentwickelt. **Coaching** im 1:1 und im Gruppensetting ist ein weiterer wichtiger Bestandteil dieses Abschnitts. Jedes Teammitglied sollte diese Coaching-Sessions live erleben.

Dabei entsteht die Möglichkeit, eventuell vorhandene Glaubenssätze abzubauen. Coaching muss nicht zwingend in angespannten Situationen als letzter Anker genützt werden, sondern stellt vor allem ein sehr wertvolles Werkzeug für die gemeinsame Entwicklung als Team und Organisation dar. In der heißen Anfangsphase eurer Transformation empfehle ich dir, dass ihr euch dabei Unterstützung von außen holt.

Damit habt ihr eine zusätzliche Möglichkeit, einen anderen Blick auf die Dinge zu werfen und könnt euch auf eurem Weg der Transformation die Methode des Teamcoachings selbst aneignen.

Methodik-Tipp: Impulse für gemeinsames Erleben und Umsetzen findest du im Workshop Playbook „WakeUP! Erhebe deine Stimme. Reden vor und mit Menschen". Einen Link zum Download findest du im Kapitel *Goodies und nächste Schritte.*

Ein zentraler Punkt ab der 3. bis 6. Woche ist die **kompetenzbasierte Führung**. Das bedeutet, dass du das Team nicht nur an Zielen misst, sondern auch die individuelle **Kompetenz** und **Verantwortung** förderst. Indem jedes Teammitglied Verantwortung für die eigenen Aufgaben übernimmt, wird das Vertrauen gestärkt und das Engagement wächst. Zudem wird die Zusammenarbeit durch klare Zuständigkeiten und regelmäßige Reflexionen immer reibungsloser und zielgerichteter.

Parallel dazu konzentriert ihr euch auf die **Rhythmisierung des Teamspirits** - regelmäßige Treffen, in denen der Teamgeist gefeiert wird, sind genauso wichtig wie das Arbeiten an den individuellen Zielen. Diese Wochen sind auch Phasen der **sichtbaren Ergebnisse**.

Durch den Fokus auf eure Wertschöpfung erlebst du mit deinem Team die Früchte eurer Arbeit und ihr erkennt, dass die Veränderungen greifen.

d. Woche 7-12: Transparenz und Multiplikation – Ergebnisse sichtbar machen und skalieren

7. bis 12. Woche

Transparenz

- Erfolge lebendig teilen
- Klare Verantwortung
- Volle Transparenz im Unternehmen
- Marktplatz in der 12. Woche

Ab der siebten Woche liegt der Fokus auf der **Steigerung der Transparenz** und der konsequenten Skalierung der bisherigen Erfolge. Ihr habt die ersten Veränderungen erfolgreich implementiert, und jetzt geht es darum, die **Ergebnisse sichtbar zu machen** und den Wandel auf die gesamte Organisation auszuweiten. In dieser Phase werden die Erfolge mit der gesamten Organisation geteilt.

Ihr führt einen **Marktplatz** ein - einen Raum, in dem alle Mitarbeiter regelmäßig über den Status und die Ergebnisse von Projekten informiert werden. Dieser Marktplatz fördert nicht nur die Kommunikation, sondern schafft eine Kultur des offenen Austauschs.

Durch diese erhöhte Transparenz wird der gesamte Entscheidungsprozess sichtbarer. Ziele und **messbare Ergebnisse** sind für alle zugänglich, sodass jeder weiß, wie er oder sie zum Erfolg des Unternehmens beiträgt. Auch die **Entscheidungsprozesse** werden klarer, was zu einer effizienteren Zusammenarbeit führt.

In dieser Phase wird auch die **Eigenverantwortung** weiter gestärkt. Jedes Teammitglied ist für seine Aufgaben verantwortlich, und das Team kann nun eigenständig Entscheidungen treffen und priorisieren. Dies sorgt für eine **größere Handlungsfähigkeit** und ein Gefühl der Selbstbestimmung im gesamten Team.

Doch der Prozess endet nicht nach den ersten zwölf Wochen. In den darauffolgenden Monaten gilt es, die positiven Ergebnisse und die gewonnene Energie in der Organisation weiter zu **skalieren**. Dies bedeutet, dass du die Veränderungen, die in den ersten Wochen auf der Team-Ebene erfolgreich waren, auf breitere Unternehmensbereiche überträgst.

Ihr steigert die **Begeisterung** und inspiriert über eure konsequenten Ergebnisse, Teamspirit, persönliche Erfahrungen und Success Storys andere Mitarbeiter, sich aktiv an der Weiterentwicklung eurer Organisation zu beteiligen.

e. Woche 13-24: Konsolidierung und kontinuierliche Verbesserung

Nach den ersten zwölf Wochen folgt eine Phase der **Konsolidierung**. Hier geht es darum, die Veränderungen zu festigen und sicherzustellen, dass sie langfristig Bestand haben. Der Fokus liegt nun auf der **nachhaltigen Integration** der neuen Arbeitsweisen.

Dies bedeutet, dass alle Teammitglieder und Führungskräfte sicherstellen müssen, dass die gewonnenen Erkenntnisse und Arbeitsprozesse in die tägliche Arbeit integriert werden. In dieser Phase werden die **Feedback- und Coaching-Prozesse** weiter ausgebaut. Es wird ein kontinuierlicher Zyklus von Reflexion und Verbesserung etabliert, der sicherstellt, dass das Team jederzeit in der Lage ist, sich weiterzuentwickeln. Auch die **Verantwortungsübernahme** wird weiter gestärkt, sodass das gesamte Team zunehmend eigenständig arbeitet und Entscheidungen trifft.

f. Woche 25-36: Stabilisierung und Nachhaltigkeit

25. bis 48. Woche

Multiplikation

- Begeistere und skaliere aus der Erfahrung im Unternehmen
- Big Room Events

Ab Woche 25 konzentrierst du dich auf die **Stabilisierung** und die Schaffung einer **nachhaltigen** Struktur, die den langfristigen Erfolg des Unternehmens sicherstellt. Hier geht es darum, eine **Kultur des kontinuierlichen Lernens** zu etablieren. Fehler werden als Lernchancen betrachtet, und regelmäßige Weiterbildungen und Trainings helfen dem Team, stets auf dem neuesten Stand zu bleiben.

In dieser Phase wird die **Transparenz** weiter ausgebaut. Entscheidungen werden nicht nur sichtbar gemacht, sondern auch regelmäßig überprüft, um sicherzustellen, dass sie weiterhin die richtigen Auswirkungen haben. Zudem wird die **Messbarkeit** der Ergebnisse in dieser Phase wichtiger, da du sicherstellen musst, dass alle Veränderungen auch langfristig messbare Erfolge zeigen.

g. Woche 37-48: Skalierung der Ergebnisse

Die letzten Wochen des Plans dienen der **Skalierung** und der Multiplikation der positiven Ergebnisse. Hier geht es darum, die gewonnene Erfahrung auf breitere Unternehmensbereiche oder neue Märkte zu übertragen. **Erfolgsgeschichten** werden weiterhin geteilt, um die Begeisterung und den Teamgeist hochzuhalten. Diese Phase führt zu einer langfristigen **Stabilisierung** und **Profitabilität** des Unternehmens, da die positive Veränderung in der gesamten Organisation verankert wird.

Indem du alle **Skalierungsprozesse** kontinuierlich überprüfst und optimierst, sicherst du eine langfristige Stabilität und steigerst die Profitabilität deines Unternehmens. Das gesamte Team wird Teil einer **gemeinsamen Vision**, die nun nicht nur die Unternehmensführung, sondern alle Mitarbeiter inspiriert und motiviert.

Diese umfassende Roadmap und einfache Plan stellen sicher, dass du und dein Team nicht nur schnelle Erfolge erzielen, sondern auch langfristig eine nachhaltige Veränderung herbeiführen. Die Struktur, Transparenz und Verantwortlichkeit werden kontinuierlich verstärkt, sodass das Unternehmen nicht nur kurzfristig profitiert, sondern auch eine langfristige, stabile und positive Entwicklung erlebt.

11. Die Arbeitswelt der Zukunft

11.1. Ein Ausblick – was erfordert die Zukunft?

Wie sieht die Arbeitswelt der Zukunft aus? Während Technologien wie KI, Automatisierung und Digitalisierung viele Prozesse erleichtern, bleibt eine Frage zentral: Wie schaffen wir eine Arbeitskultur, die sowohl profitabel, höchst effizient als auch menschlich ist?

In der Zukunft werden Unternehmen erfolgreich sein, wenn diese die drei zentralen Aspekte verinnerlichen:

1. **Flexibilität und Agilität:** Starre Hierarchien gehören der Vergangenheit an. Unternehmen müssen in der Lage sein, sich schnell an neue Herausforderungen anzupassen und flexible Strukturen zu schaffen, die Innovationen ermöglichen.

2. **Mensch im Mittelpunkt:** Trotz aller technologischen Fortschritte bleibt der Mensch der wichtigste Erfolgsfaktor. Unternehmen müssen eine Kultur schaffen, in der Mitarbeiter sich wertgeschätzt und inspiriert fühlen. Nur so können sie ihr volles Potenzial entfalten.

3. **Nachhaltigkeit und soziale Verantwortung:** Die Arbeitswelt der Zukunft wird nicht nur von wirtschaftlichen, sondern auch von gesellschaftlichen Faktoren geprägt. Unternehmen müssen sich stärker mit Themen wie Nachhaltigkeit, Diversität und sozialer Verantwortung auseinandersetzen.

Durch erfolgreich durchgeführte Transformationen werden nicht nur Unternehmen gestärkt, sondern umso mehr auch die Menschen, die darin arbeiten und in diesen Prozess eingebunden sind. Eine inspirierende Arbeitskultur entsteht nicht durch einzelne Maßnahmen, sondern durch eine ganzheitliche Denkweise, die Menschen, Prozesse und Technologien miteinander verbindet. Die Zukunft gehört den Unternehmen, die es schaffen, eine Umgebung zu gestalten, in der Innovation, Zusammenarbeit und persönliche Weiterentwicklung selbstverständlich sind. Transformation ist kein einmaliges Projekt - sie ist ein fortlaufender, beständiger Prozess, der Unternehmen langfristig erfolgreich macht. Weiter geht es - viel Freude auf eurer weiteren Reise.

Dein Jürgen

12. Goodies und nächste Schritte

Zum Abschluss dieses Buches erhältst du nicht nur theoretisches Wissen, sondern auch praktische Tools und Ressourcen, die dir den Einstieg und eure Schritte der Transformation erleichtern.

Zusätzliche Ressourcen und Vorlagen

- **Checklisten, Roadmap und Playbooks:** Zur Analyse deiner Organisation und zur Steuerung des Transformationsprozesses stelle ich dir eine umfassende Checkliste, Playbooks und eine detaillierte Roadmap zur Verfügung. Mithilfe der Checkliste erhältst du einen schnellen Überblick, welche Themenfelder bereits gut adressiert sind und wo noch Lücken und Potenziale zur Verbesserung bestehen (Organisationsstruktur, Kultur und Werte, Form der Führung und Kommunikation, Arbeitsplatzgestaltung). Sie bildet eine solide Basis für die ersten Schritte der Transformation zu einer zukunftsfähigen Projekt- und Arbeitswelt und ist eine wertvolle Unterstützung zur Vorbereitung der AS-IS-Interviews und Assessment-Gespräche. Die Roadmap bietet dir eine Schritt-für-Schritt-Anleitung für die ersten 24 Wochen eurer Transformationsgestaltung. Die Playbooks dienen dir als Leitfaden und bieten zusätzliche Impulse an.

>> Die kostenlosen Unterlagen findest du unter:
www.juergen-menhart.com/wakeup

- **Fallstudien und Erfolgsgeschichten:** Lerne aus den Erfahrungen anderer Unternehmen, wie erfolgreiche Transformationen umgesetzt wurden.

Deine nächsten Schritte

- **Selbstreflexion:** Nutze die im Buch enthaltenen Fragen und Checklisten, um den aktuellen Stand deiner Organisation zu bewerten.
- **Umsetzung:** Entwickle euren konkreten 24-Wochen-Aktionsplan basierend auf den vorgestellten Schritten und Prinzipien von WakeUP! (PEOPLE fit, PROJECT fit, STRATEGY fit)

Lass dich vom Autor coachen in der

6-monatigen WakeUP!-Masterclass

Lass dich von Jürgen Menhart und seinem Team coachen. In der sechsmonatigen Masterclass bekommst du Woche für Woche klare Umsetzungsaufgaben und triffst dich jede Woche zu Live-Coachings, in denen du dein Wissen und dein Können auf die Probe stellen kannst. Begleitung, Mentoring und Coaching sind dabei wichtig, um euren Transformationsprozess optimal umzusetzen.

Ergänzt wird die WakeUP!-Masterclass durch eine umfassende Online-Bibliothek mit zahlreichen Video- und Audioinhalten sowie durch eine eingeschworene Community, die dieses eine Ziel vor Augen hat: die Projekt- und Arbeitswelt der Zukunft zu gestalten – profitabel und begeisternd!

Melde dich jetzt zu deinem kostenlosen Erstgespräch an:

SCAN ME

13. Häufig gestellte Fragen (FAQs)

Warum scheitern so viele Transformationsprojekte?

Viele Unternehmen machen den Fehler, sich nur auf Prozesse und Technologien zu konzentrieren, anstatt die Menschen in den Mittelpunkt zu stellen. Ohne klare Strategie, motivierte Teams und kontinuierliche Erfolgsmessung scheitert die Umsetzung oft.

Welche Rolle spielt Führung in der Transformation?

Führungskräfte sind die zentralen Treiber von Veränderungen. Sie müssen nicht nur strategische Vorgaben machen, sondern auch als Vorbilder agieren, Teams begeistern und eine Kultur der Offenheit und Zusammenarbeit fördern.

Wie können Unternehmen verhindern, dass sie nach einer Transformation in alte Muster zurückfallen?

Die nachhaltige Verankerung neuer Strukturen erfordert eine langfristige Strategie, regelmäßige Weiterbildung, Erfolgsmessungen und Feedbackschleifen. Veränderungen müssen Teil der Unternehmenskultur werden.

Welche Technologien unterstützen eine erfolgreiche Transformation?

Moderne Projektmanagement-Tools, KI-gestützte Systeme und Collaboration-Plattformen können Unternehmen helfen, Prozesse zu optimieren und effizienter zu arbeiten. Wichtig ist jedoch, dass die Technologie zum Unternehmen und vor allem zu den Menschen passt und richtig eingesetzt wird. Dabei sind volle Transparenz und eine klare Kommunikation in allen Dingen entscheidend.

Wie kann man Mitarbeiter für Veränderungen begeistern?

„Am Anfang benötigt es Begeisterung und Emotion, für den Erfolg, Fokus und Disziplin!" Durch inspirierende Keynotes und Impulse bereits vor dem ersten Schritt wird der Samen gesät und die Lust am Neuen bei Führungskräften und bei den Mitarbeitern entfacht. Durch Keynotes und Storytelling Formate wird das klare <Wozu> hinter dem Wunsch oder der Notwendigkeit sichtbar, warum eine Veränderung notwendig ist.

Eine zusätzliche Möglichkeit bieten Besuche bei Unternehmen an, die bereits ihre ersten Schritte gegangen sind und damit auch direkt über die Up und Downs des Weges direkt erzählen können. Transparente Kommunikation, klare Zielsetzungen, Einbindung der Teams und das Schaffen von Erfolgserlebnissen sind entscheidend. Menschen akzeptieren Veränderungen eher, wenn sie verstehen, warum sie notwendig sind und welchen positiven Einfluss sie haben.

14. Anmerkungen

1. Profil. (2025, August 9). Extra Innovation - Sven Gabor Janszky. Retrieved from *„Innovation heißt: Die Regeln ändern sich“*
2. Mercer. (n.d.). *Global Talent Trends 2024 - 2025*. Retrieved from https://www.mercer.com/de-de/insights/people-strategy/future-of-work/global-talwas bedueent-trends/
3. Volonte. (n.d.). *Blog - Change Management*. Retrieved from https://www.volonte.co/de/blog
4. Fosway Group. (n.d.). *HR Industry News*. Retrieved from https://www.fosway.com/de/fosway-news-2/
5. OECD. (2024). *OECD Artificial Intelligence Review of Germany*. Retrieved from https://www.oecd.org/content/dam/oecd/en/publications/reports/2024/06/oecd-artificial-intelligence-review-of-germany_c1c35ccf/609808d6-en.pdf
6. Cognizant. (n.d.). *Blog - Digital Accessibility*. Retrieved from https://www.cognizant.com/ch/de/insights/blog/articles/digital-accessibility-for-all-users-by-accommodating-a-range-of-disabilities
7. Springer Nature Link. (n.d.) *Emotionale Intelligenz als Führungsanker*. Retrieved from https://link.springer.com/chapter/10.34157/978-3-648-17366-4_8
8. Deloitte. (2025, März 20). *Human Capital Trends 2025*. Retrieved from https://www.deloitte.com/de/de/services/consulting/research/human-capital-trends-deutschland.html
9. GALLUP. (n.d.). *Gallup Engagement Index Deutschland 2024*. Retrieved from Bericht zum Engagement Index Deutschland 2024 Deutschland - Gallup
10. AGILean. (2023, November 7). *Agilität mit Herz als Schlüssel zur Innovation*. Retrieved from https://www.agilean.de/infoblog08/

15. Über den Autor

JÜRGEN MENHART - Vom Elektriker, Entwickler und Führungskraft, zum gefragten Experten für Transformationsgestaltung, Gründer und CEO von AGILean Austria und international anerkannter Keynote-Speaker. Mit über 15 Jahren Erfahrung als Projekt- und Programmmanager und mehr als einem Jahrzehnt als Department Manager in einem internationalen Technologieunternehmen hat er zahlreiche Produktentwicklungen und tiefgreifende Transformationsvorhaben der Organisationsgestaltung erfolgreich geleitet und begleitet.

Heute teilt er sein Wissen als gefragter Keynote-Speaker und begleitet internationale Top-Unternehmen. Er begeistert sein Publikum mit frischen Impulsen, praxisnahen Strategien und seiner Fähigkeit, komplexe Zusammenhänge klar und inspirierend zu vermitteln. Seine Bühnenpräsenz ist durch Auszeichnungen wie die Wahl unter die TOP 100 Speaker der Germany's Next Speaker Stars und seinen Weltrekord beim internationalen Speaker-Slam eindrucksvoll belegt. Er unterstützt Unternehmen und auf ihrem Weg der Transformation zu einer profitablen und begeisternden Projekt- und Arbeitswelt.

16. Action

Und jetzt? Was bringt dich in Aktion? Durch mutige Menschen wie dich werden Umgebungen gestaltet für gelungene Zusammenarbeit und Erfolge – für Menschen, Organisationen, Projekte und Unternehmen.

Ich wünsche dir viel T.R.U.S.T. - selbs**T**.ändigkeit, **R**.espekt, m**U**.t, offenhei**T**. und di**S**.ziplin - auf deinem und eurem Weg der Transformation

Bleiben wir in Kontakt

Lass uns gerne auf LinkedIn via **juergen-menhart** vernetzen. Folge mir auch gern auf meinem YouTube-Kanal **@juergenmenhart** und auf www.juergen-menhart.com oder kontaktiere uns direkt unter **office@juergen-menhart.com**.

Bis bald!

Dein Jürgen

AGILean ACADEMY

Projekte schneller, günstiger, erfolgreicher machen.

Wenn dir die Inhalte in diesem Buch gefallen haben, dann warte erstmal ab, was dich in den praxisorientierten und anspruchsvollen Trainings der AGILean Academy erwartet. Erfahre, wie du die innovativen Prinzipien von AGILean in deiner Organisation nachhaltig verankern und erfolgreich anwenden kannst. Nach dem Training wirst du kreativer und effizienter sein als je zuvor!

Die AGILean Academy bietet dir die Möglichkeit, die Grundkenntnisse des AGILean Projektmanagement-Standards flexibel und unabhängig zu erarbeiten. Neben neuem Wissen und Können entsteht eine wertschöpfende Energie und Effizienz, die nicht nur menschengerecht und mitreißend, sondern auch hoch profitabel ist. Die AGILean-typische Symbiose aus Wissenserwerb, Umsetzung und Verinnerlichung sorgt für intellektuelle Verankerung, kreative Begeisterung und einen einzigartigen Praxisbezug.

>> Mehr Informationen zur AGILean Academy unter:
www.juergen-menhart.com/wakeup

WakeUP! Playbooks

New Work Toolbox COMMUNOLOGUE

Dieses innovative Diskussionsformat schafft eine sichere und respektvolle Umgebung, die Kreativität und Innovation fördert.

Mit klaren Strukturen und Rollen ermöglicht der Communologue effektive Kommunikation und Zusammenarbeit in Gruppen und Organisationen.

NEW WORK HACKS

Ein smarter Überblick zu New Work. Die fünf einfachen Schritte der Transformationsgestaltung und die zentrale Rolle des Leaderships dabei.

Impulse zur Reflexion und 32 einfache Hacks. Jetzt losstarten im Sinne: „Machen ist wie wollen, nur besser!"

>> Zum kostenlosen Leitfaden New Work Toolbox COMMUNOLOGUE und New Work Hacks Playbook:
www.juergen-menhart.com/wakeup

WakeUP! Playbooks

WakeUP! Erhebe deine Stimme Reden VOR und MIT Menschen

Bietet einen umfassenden Leitfaden für effektive Kommunikations- und Präsentationstechniken.

Dieses Playbook richtet sich an alle, die ihre Fähigkeiten im öffentlichen Sprechen verbessern möchten und bietet praxisnahe Tipps und Übungen zur Überwindung von Nervosität und Blackouts.

>> Zum kostenlosen Playbook WakeUP! Erhebe deine Stimme:
www.juergen-menhart.com/wakeup

Gratis Persönlichkeitstest

(im Wert von 98,00€)

Welcher T.R.U.S.T. Hero Typ steckt in dir?

Erfolgreiche Führungskräfte haben verstanden, dass es viel mehr benötigt als reine Methodik, um die Grundlage für eine erfolgreiche Projekt- und Arbeitswelt der Zukunft zu schaffen - der Umgang mit Menschen! Um Menschen auf dem Weg der Transformation zu begeistern und zu gewinnen, musst du zuerst deine eigene Persönlichkeit verstehen. Bist du ein Superman, eine Rapperin, ein Ritter, eine Läuferin oder ein Elefant? Finde es jetzt heraus und profitiere vom bekannten Persönlichkeitstest zu den fünf Persönlichkeitstypen von Jürgen Menhart.

>> Zum kostenlosen Persönlichkeitstest:

www.juergen-menhart.com/persoenlichkeitstest

WEITERE IMPULSE

T.R.U.S.T. ... or nothing!
Eine New Work Geschichte über 5 Buchstaben, die unser Leben in der Zusammenarbeit verändern

Softcover, ISBN: 978-3-99152-074-0

Entdecken Sie das Fundament moderner Zusammenarbeit!

In eine lebendige Geschichte eingekleidet, entwickeln Lena und Manfred die ebenso einfachen wie wirksamen Prinzipien, mit denen man sowohl Führungskräfte als auch Mitarbeiter begeistert und zu gemeinsamen Erfolgen motiviert. Diese inspirierende Story beleuchtet die fünf entscheidenden Buchstaben des Wortes T.R.U.S.T. (Vertrauen) und zeigt eindrücklich, wie sie ein starkes Fundament für eine erfolgreiche und zukunftsfähige Arbeitswelt gestalten. Erfahren Sie, wie Sie eine Atmosphäre schaffen, in der Teams ihr volles Potenzial entfalten.

Ein Muss für: Führungskräfte, die innovative Wege beschreiten möchten; Menschen, die Verantwortung tragen und die Zukunft der Arbeit aktiv gestalten wollen; alle, die einen wertvollen Anstoß zur Selbstreflexion und Impulse zur Gestaltung erfolgreicher Arbeitsumfelder suchen.

Mit Herz und Verstand: Der Reinerlös des Buchverkaufs fließt 1:1 an den gemeinnützigen Verein "Steirer mit Herz". Steirer mit Herz

Ein Buch, das neue Perspektiven eröffnet und nachhaltige Veränderungen anstößt. Erhältlich im Buchhandel.